U0747283

PUHUA BOOKS

我们一起解决问题

银行客户经理的销售心理与关键对话

苏卫宏◎著

人民邮电出版社
北京

图书在版编目（CIP）数据

银行客户经理的销售心理与关键对话 / 苏卫宏著
. -- 北京 : 人民邮电出版社, 2022.7
ISBN 978-7-115-59274-3

Ⅰ. ①银… Ⅱ. ①苏… Ⅲ. ①商业银行－市场营销学
Ⅳ. ①F830.33

中国版本图书馆CIP数据核字(2022)第077892号

内 容 提 要

这是一本写给银行、保险、信托、财富管理等金融机构客户经理及其主管的销售指导手册。

本书以“销售对话”的场景为核心，以渣打银行全球理财经理核心能力培训模型为基本框架和标准，把电话沟通和面谈方法及工具、买卖双方心理和行为变化，以案例的形式呈现出来，满足读者的实战需求。对于书中介绍的沟通方法和工具，理财经理可以拿来就用，而案例分析可以供销售团队管理者辅导团队新人使用。本书完全从实战中来，内容还包括销售人员的职业规划、自我管理、理财沙龙设计与执行、以业绩为导向的项目开展等。

本书适合作为银行客户经理、理财经理以及新入职员工的培训手册。

◆ 著 苏卫宏
责任编辑 王飞龙
责任印制 彭志环
◆人民邮电出版社出版发行 北京市丰台区成寿寺路 11 号
邮编 100164 电子邮件 315@ptpress.com.cn
网址 https://www.ptpress.com.cn
北京建宏印刷有限公司印刷
◆开本：720×960 1/16
印张：13.5 2022 年 7 月第 1 版
字数：200 千字 2025 年 11月北京第 13 次印刷

定 价：59.80 元

读者服务热线：（010） 81055656 印装质量热线：（010） 81055316
反盗版热线：（010） 81055315

PREFACE

前言

本书第一版在2016年出版，出版后得到银行、银保、个险营销与培训管理人士的普遍认可。但由于当时是我第一次写书，书中存在诸多不足，所以在第二版修订时，我希望从读者的角度出发，先考虑大家会如何用本书，再完善它。具体来说，我在新版中优化了案例、简化了语言、补充了新内容。

那么，谁可以用这本书？书中讲了哪些内容？本书可以解决什么问题呢？

谁可以用本书

本书的受众是银行客户经理、银保经理、个险代理人和财富管理机构的客户经理，以及银行、银保、个险和财富管理机构培训部门的工作人员。

书中讲了哪些内容

目前企业内部更侧重对产品和专业方向的硬性培训，这本书则是以情境对话的形式，涵盖了**电话约访**、**销售面谈**、**客户经营**、**沙龙设计**等几乎整个销售流程的全模块内容。本书偏重于软性的销售心理与技巧，深入剖析了最重要却常被忽视的客户经理**底层动力源**、**销售状态**和**自我管理**问题，并给出了详尽实用的操作工具与方法。

书中的客户经理能力素质模型源自渣打银行内部自2009年以来的实践，并非是未经科学论证的个人经验。

本书可以解决什么问题

处于不同职业阶段的客户经理，无论新员工、老员工还是团队管理者都可以使用这本书有针对性地解决各自的问题。

本书第一章“银行新员工的困局、破局与蜕变”解决的是新员工的心态问题：角色转换。

员工入职初期宛如一张白纸，在“孤单无助”的同时又必须快速做出业绩。这个阶段，员工需要快速进入角色，建立正确的思维模式：**新环境是什么**？**我的首要目标是什么**？**怎么才能达成目标**？**领导和我的关系定位是什么**？针对这些问题，我在第一章安排的大量真实案例可以作为参考，帮助读者少走弯路。

本书第二章到第六章解决的是新老员工工作中的技术问题：心理困惑和技巧缺乏。

入职一年后，员工将面临：**是否能“熬”得住，会不会“找乐”，能不能“赚到钱”的问题，并最终收获自信！**

自信来自业务能力，如何评估自己的业务能力？不妨扪心自问：**我真的能打好电话吗**？**我真的会做KYC（客户尽职调查）吗**？**我讲的资产配置能让客户听懂吗**？**我讲过沙龙吗**？**我能长效经营客户吗**？**我可以自始至终保持稳定而良好的状态吗**？本书第二章到第六章针对这些问题进行了细致深刻的分析，目的是帮助读者解析自己，养成先诊断、再思考，最终解决问题的思维模式。

本书全部章节都可以为管理者提升团队管理能力所用，第七章、第八章尤其适宜销售团队管理者阅读，这两章讲述了管理者最关心的内容：如何善用培训资源，并将其转化为业绩。

销售团队管理者面临的两个挑战是：1. 员工水平参差不齐，**如何提升团队整体业务技能**？ 2. 每个人性格各异，**怎么理顺不同员工的心态**？本书中的场景对话设计，对销售动作进行了标准化，案例中给出了话术脚本，案例后附有通关表格，可直接作为内部学习教材和训练工具。书中的案例都有真实原型，管理者如果能结合“会议经营”，例如在早（夕）会或“深度读书会”中带领员工研讨这些案例，则能有效激活团队能量，帮助员工培养出**自我觉察**和**自我管理**的能力。

读者从一本书中读到的是**知识**和**逻辑**，而被影响最深远的是书中的**价值观**，希望您在阅读案例时能够看到自己的影子，结合书中的分析，深入认知事、接纳人，在获得技能的同时，进一步明确自己的价值观，充满活力！

最后，希望我的读者不要僵化地读书，也不轻浮地对待书，您可以拿起一支笔，读到哪、想到哪，就把灵感记在那里，然后再找机会把所思所想讲出来。有输入、有输出，书里的内容才会真正成为你的！

非常欢迎您提出宝贵的意见与建议，或就书中的观点来和我交流！

CONTENTS

目录

第一章

银行新员工的困局、破局与蜕变

进入银行工作是很多人的梦想，但是真的进入银行后会遇到哪些问题呢？

【案例：王敏内心的波澜起伏】

王敏硕士研究生毕业于某重点大学财务管理专业，毕业后进入某银行，职位是理财专员。工作头一个月，她很兴奋，因为这是业内知名银行，很多人想进都进不来。但到了第三个月，她却发现自己作为一个硕士研究生，每天干的活都是在大厅里接待客人，情绪开始有一丝波动：怎么会这样？这和自己的专业对口吗？不会一直这样下去吧？……“但是无论怎样，等转正再说”，她这样劝慰自己。

入职满六个月，王敏顺利转正，职位没变，工作也依然是站大堂，只是任务指标增加了。领导开始向她灌输：做业务就要讲业绩，有业绩才有地位。而且王敏发现，自己这个学财务管理的硕士和同事小李做的是一样的工作，但小李本科毕业于一个二本学校营销专业。“我学的是财务管理，干的是营销，我是不是来错地方了？”她开始焦虑。

入职一年时，由于所在银行业务高速发展，同时有同事离职，王敏升职为客户经理。在新岗位上，高资产量客户多了，任务也随之增多，但王敏对工作的感觉照旧——很枯燥！在毕业一周年聚会上，她看到当初进了投行的同学赚钱比自己多很多，而进入四大会计师事务所的同学一个个也意气风发的……不禁开始有一点心事，因为就在前不久，另一家银行给她打了电话，给她的待遇比现在高很多。

几番纠结，在请教了父母和信得过的朋友后，王敏决定不轻易跳槽。

转眼又一年过去了，已经毕业两年的王敏，对银行里里外外都熟悉了，心态也平和了不少，但平和背后也有无奈：由于一直做营销，她觉得自己的财务管理专业知识算是废了，而现在自己马上28岁了，因为每天都忙得团团转，圈子窄，对象还没找，眼看成剩女……

“天天像头驴一样，奔头儿在哪儿呢？”王敏有时候这样想。

➲ 背景信息

1. 王敏是哪种银行客户经理呢？

银行客户经理，在本书中是对银行内部销售人员的统称，包括以下几种。

个人银行客户经理：负责资产管理规模（Asset Under Management，以下简称 AUM）在 5 万 ~30 万元的个人客户。

理财经理 / 贵宾理财经理：负责 AUM 在 30 万 ~ 600 万元的个人客户。

私人银行客户经理：管理和服务 AUM 达到 600 万元及以上的私人银行客户。

以上三种客户经理位于理财端，主要被考核指标为：新增客户数、产品覆盖率、资产管理规模。

贷款客户经理：负责个人贷款产品（消费贷、房贷）的营销，同时也有存款任务。

中小企业客户经理：负责中小企业客户的金融服务，包含融资、资金管理、投资等。

对公客户经理：服务对象为大型企事业单位。

经过业务转型的银行，客户经理的责权相对明晰，以积分制为主要考核方式；尚未完成转型，或正在转型中的一些地区的银行客户经理，对公、对私的业务会同时做。

案例中的王敏属于“个人银行客户经理”，她是白板（没有相关工作经验）入职，从理财专员做起，主要维护AUM5万元级别的客户，同时还会和大堂经理一起照顾大堂。

上述是内资银行对销售人员的分类方法。

外资银行有另一套分类方法：从销售模式出发分为直销人员（以下简称Hunter）和理财经理（以下简称Farmer）。

Hunter是为获新客而生，分属不同产品线：包括基于个人无抵押消费贷款产品的PL（Person Loan，即个人贷款），基于中小企业无抵押贷款产品的SME（Small & Medium Enterprise，即中小企业）和针对理财端开户的WM（Wealth Management，即财富管理）。在外资银行，产品部开发完产品后，Hunter的职责是找到产品的新用户，与其接触进而实现销售目的。理财端的投资类产品相对复杂，为符合销售合规要求，WM的Hunter只能将新客户带来开户，之后转交Farmer精耕细作，自己不能向客户销售产品。

Hunter模式聚焦零售业务，最初产生于渣打银行在东南亚、非洲和中东地区的业务实践，特点是促使销售人员主动出击，大力争夺个人客户。外资银行在2007年本地法人银行成立之初，客户资源一穷二白，急需在营销模式上独辟蹊径，力求用主动性获得市场，除渣打银行之外，花旗银行、汇丰银行都成立了直销部门。Hunter模式体现着“主动出击”的文化，打破了银行的坐商陈规，非常适应高度竞争的市场环境。近10年来，随着人员流动，Hunter的直销模式正强烈地影响着国内整个银行与财富管理行业，外资银行最初几批Hunter已经成为一些知名财富管理机构的高管。

Farmer团队，特指财富端，职责是在Hunter将新客户拉进来后，完成深耕。Farmer用零售银行的不同业务（结算及交易类、投资类、信贷类等）对客户进行交叉销售，完成资产配置，就像农民在土地上分季节耕种不同的作物，这是Farmer名称的来源。国外银行业研究表明：持有银行两种产品的客户的流失率是55%左右，而拥有4个或更多产品的客户的流失率接近于0。所以，Farmer团队的目标是：提升客户的产品覆盖率和资产总量，创造利润，保证留存。

在银行的理财端，Hunter和Farmer这两种客户经理在职业发展上有什么关联呢？

Hunter虽然只负责开新户，但客户基于信任也希望他们介绍产品，其职业的下一步就是Farmer；Farmer同样不能停留于服务非常有限的存量客户，日常必须通过转介绍（MGM）、沙龙等方式不断拓展新客。实战中，两个团队相互促进，形成良性循环。

案例中，是谁给王敏打的电话，说有更好的岗位与薪资呢？

就是服务于某外资银行的猎头，外资银行最喜欢挖有1~2年内资银行经验的人员。电话里，猎头告诉王敏：如果你能来外资银行，待遇不错，晋升快，有利于你的快速成长。这不禁让王敏动了心，外资银行人员的形象和传说中的高薪都对她有莫名的吸引力。

2. 银行客户经理的薪酬和工作环境怎么样?

“在银行干，待遇怎么样？”很多银行外的人会有这样的好奇。

“外资银行待遇与内资银行相比怎么样？环境如何？”很多内资行的人也有和王敏一样的疑问。

坐标一线城市，某外资银行个贷端 Hunter 岗位的底薪是 4000 元，外加佣金和奖金（细则不列举），试用期三个月，签一年或三年期合同。

招募王敏的岗位是财富端的 Farmer，比 Hunter 待遇好，由于需要 1~2 年工作经验，起薪 8000~10000 元，试用期 6 个月，签无固定期限合同。（注：薪资受多种因素影响，仅供参考）

Hunter 的考核压力巨大，留存率很低，因此他们非常注重营销中的过程管理，以最早期个贷团队为例：每人每日要打 300 通有效电话，有效电话的标准是接通。

300 通有效电话，每通 40 秒，合计是 200 分钟，即 3 小时 20 分钟。因此，完成活动量要求，需要营销人员执行力极强，管理者要求极严格，我曾亲见某 PL（个人无抵押贷款）团队，内部对于吃饭、上厕所都规定了时间标准。

招募王敏的理财端 Farmer 岗位，压力小于 Hunter，但工作强度仍要高于内资银行。

这就是王敏最终打退堂鼓的原因，她在打听了一番之后，觉得新职位的收入比自己现在各项收入加起来高不了多少，而自己现在已经够辛苦了，每天打 20 个电话都觉得很头疼，如果再增加工作量，不知道是否能应付。但这同时也引发了她的好奇：“这么苦，为什么还有人在那干呢？”

猎头说的没错：外资银行的利益分配和考核机制颇受年轻人青睐；除此之外，外企的办公环境等，对很多年轻人也有一定吸引力。

如果王敏跳槽会怎么样？

2009年我见过一个学员，他的家庭背景很好，他从一个股份制银行的私人银行部门跳到了外资银行。我们很好奇他为什么跳槽，他说在私人银行每天的工作量太少了，很无聊。惊诧之余，我们提醒他："你不知道外资银行压力大吗？！"他说："我知道，就是想试试，我实在闲不下去了！"话虽有点夸张，但是，背后也透出年轻人的需求——希望折腾、希望成长，他们也清楚：成长从来不会在安逸的环境中产生。

后来他怎么样了呢？

不到一年，他辞职了。

当然这只是一个反面案例，同样也有在外资银行越做越好、晋升非常快的人，他们克服了环境转变时遇到的困难。

作为培训师，我在各地的内外资银行见过不少年轻学员，人优秀、家庭背景好，进入银行后却感到难受：杂事多、待遇没有预想的高，气氛沉闷、人际关系复杂……和领导关系也不好处。于是，他们有的想创业，有的想跳槽，但想是想，也不敢轻易动……于是陷入困局。

这是新员工遇到的比较有共性的困局，那该怎么应对这个阶段呢？

分析困局

我们借用拉姆斯菲尔德的"知道论"，可以帮助王敏解析困局。图1-1是一个成长阶梯循环图，人的一生都在周而复始地经历这几个阶段。

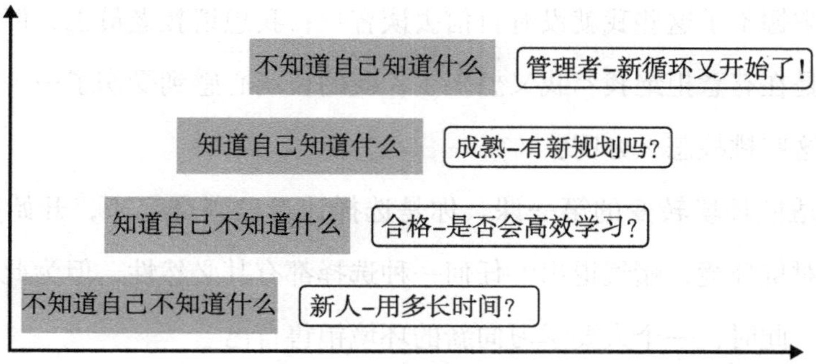

图 1-1 成长阶梯循环图

➲ 第一阶段："不知道自己不知道什么"

这个阶段，常出现在一个人初入职场或进入某个新领域的时候。例如王敏，经过笔试、面试，进入了知名银行，与此同时很多人被淘汰。这时候她的心情如何？她会觉得：千军万马挤过独木桥，我一定是优秀的！但是，我到底棒在哪儿呢？在这个陌生的环境里我的专业有用吗？我到底能不能做好新工作呢？现在不看考试分数了，那什么是"好"的标准？一系列疑问会随之产生。

这个阶段人的心中难免困惑、自信、恐慌交织变化。管理者和培训部门如果能够洞悉新员工的这种心理，可以采用入职培训和一对一谈话的方式，来帮助新人尽快平稳心态、明晰岗位要求、找到对标对象（不一定最优秀，但一定要合格），用最短的时间上升到第二阶段。

➲ 第二阶段："知道自己不知道什么"

在对标身边的某一位前辈的过程中，新人就知道了"自己不知道什么"。方向一旦明确，路径就是学习！

但是新挑战随之而来，银行产品繁多、业务知识浩瀚如海："基金有那么多类型，保险有那么多条款，还有私募、信托、法商、税商，我怎么才能快速掌握呢？掌握不了这些我就没有自信去谈客户；我想请教老员工，但是人家很忙，是不是在有意拒绝我？我又想多了，我的玻璃心感到受伤了……”

遇到这些挑战怎么办呢？

这是适应环境转变的第一课。你是选择让自己兴奋起来，开始努力找方法，还是对抗环境，赌气退出？任何一种选择都有其必然性，但为此负责的只有你自己。此时，一个人要学习向新的环境销售自己。

最初，挫折是不可避免的，如果第一次失败了，没关系！但是不要让同样的错误发生三次，第三次失败后一定要开始审视自己的反应模式：“我为什么这么做，我想要的到底是什么，有其他更好的做法吗？……”改变要从复盘和自省开始。

银行一般会采用培训项目或者“导师制”帮助这个阶段的员工尽快上手，但是由于培训管理水平参差不齐，也常出现盲目拼接的课程把鲜活的员工变得麻木的情况。

这个阶段的员工要注重对“学习方法”“复盘习惯”以及“谦恭”的深入认知，这将帮助你避免被浩如烟海的课程所吞噬，甚至被割韭菜。

当你不知道的越来越少，是不是就意味着到达第三阶段“知道自己知道什么”了呢？还没有。

➲ 第三阶段：“知道自己知道什么”

你是否在团队里见过这样一类员工？谈及业务，他们事事都懂、镇定自若、眼睛有神，新人会非常崇拜他们，视之为偶像！进入第三阶段“知道自己知道什么”的标准是：一看到客户，就知道他是哪类人，该怎么聊；一走流程，就知道哪个环节容易出问题，需要注意什么；一遇到问题，就知道第一时间该找谁。在第三阶段，客户经理做事会游刃有余。

从第二阶段“知道自己不知道什么”到第三阶段“知道自己知道什么”，是职业技能从量变到质变的过程，往往需要至少 2~3 年。

2~3 年，你可以熬得住吗？在一个单位坚守并精进 3 年达到业务和心态足够成熟，这是对年轻的客户经理在定力上巨大的挑战。

同时，如果到达第三阶段，还常有另外一种附属品出现：消极的心态！

业务懂了、人也熟了，新鲜感好像也随之减少，动力也就没那么强了，如果迟迟没有升职、换岗，如果不能有效自我激励，人很可能就开始混日子，越混越油腻，就非常危险！

所以，“知道自己知道什么”时，你一定要居安思危，把选择的主动权牢牢控制在自己手中。当开始期待新机会时，你需要认识到：任何选择都是兑价，业务人员唯一的筹码就是业绩，保持良好业绩是你获得机遇的前提。

如果升职或换岗的机会如期而至，那么你就进入了第四阶段。

➲ 第四阶段：“不知道自己知道什么”

从业绩优秀的销售人员晋升到团队管理者，是第四阶段典型的场景。

销售和管理是不同的领域，角色转换意味着要将工作重心从个人业绩产出转为帮助每个团队成员成长，激发团队整体业绩。

新管理者成功晋升后，团队内的新生代一定会听你的谆谆教导吗？团队内资历比你深的老员工一定会对你服气吗？你的成功经验能够顺利复制到其他人身上吗？……很多新的管理者会突然感到“不知道自己知道什么”。

在销售管理这个新领域，你现在又回归为了一名新学生，开始一个新的循环，这就是需要脱胎换骨的第四阶段。

所有人的职业生涯都处在“知道论”的这个层次图中，在经过多次循环之后，当某个新的开始再次来临，你或许就内心平静不再恐慌，因为，你已经体验到了规律，你可以站在高处去看待环境和自己了，你感到无论顺境逆境，自己都能充满希望。那么恭喜，这时候的你，往往已经身处高位！

“知道论”的成长阶梯，实质是一个循环上升图，早认识到这一点的好处就是可以早定位自己，少走弯路。

王敏看到这个图时眼前一亮：“我觉得我处在第三阶段了，但是好像还没有第三阶段的能力，我总是不够自信，怎么办呢？”

主动破局

自信可以帮助人打破僵局，自信源自业绩，健康持续的业绩增长来自“训练有素”。什么是“训练有素”呢？

➲ 银行客户经理的能力平衡轮

2008 年秋天，外资银行内人心惶惶，大家都不知前景如何。坊间又有传闻：汇丰银行卖掉了香港分部的零售业务，这更是让人紧张。发生了什么？金融危机来了！

这时候，银行一般有两个选择：一个是节流，控制成本；另一个就是改变，调整战略。

金融危机发生时，业务一线最常见和棘手的问题是被客户投诉。其中，销售过程不合规是被投诉的重要原因。现在，网络上仍可以搜到金融危机期间客户的控诉帖，说理财经理误导客户、虚假承诺等，部分还有录音，这在当时造成了非常大的负面影响。

谁来承担这种结果呢？是银行和客户经理！训练有素的人员是银行在危机中生存和发展的基础。

什么是训练有素？渣打银行全球零售银行总部与咨询公司合作提炼出了四个银行一线人员必须具备的素质，作为人员培养方向，如图 1-2 所示。

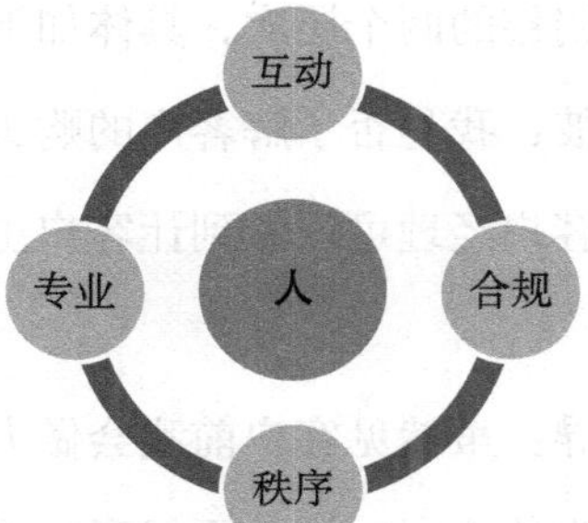

图 1-2　银行一线人员的必备素质

1. 专业（素养）

对银行一线人员专业上的要求包含以下三点。

第一，你是否深刻理解产品？例如，这个产品为什么会产生？产品的特点—优势—好处（FAB）是什么？产品的操作流程是什么？只有掌握这些，和客户交流的时候，客户经理才能沉得住气，有自信。

第二，你是否深刻理解理念？例如，什么是财富管理？什么是资产配置？进一步，你是否能够深入浅出、润物细无声地，将这些理念装进客户头脑中？

第三，你是否知道某一类客户画像在配置某一类产品时的“标准”？例如，一个四十多岁的中年人要买保险，但是不知道要花多少钱，买哪种，从哪里买以及为什么？你能告诉他这些标准吗？

关于专业方面，作为培训师，我会定期观察客户经理接待客户时的表现。我发现一个很有趣的现象：客户经理习惯先谈资产配置的概念，再过渡到产品。但是，每当谈到资产配置，大概 40 秒后，客户就会不耐烦：“我听不懂，你就说产品吧……”然后双方直奔产品，陷入产品比较的泥潭。沟通中，被客户轻易带走，是因为客户经理在专业上缺乏定力！

2. 互动（能力）

互动能力，指顾问式销售的两个层次，具体如下。

第一，意识上知己解彼：我是否了解客户的购买心理？我是否能把控自己的销售心理？为什么有的客户经理可以做到让客户主动来找他，而我兴冲冲地上门，却常扫兴而归呢？

第二，技术上占据主导：虽然见客户前我会做大量预案，但是一开口就被客户牵着鼻子走了，这是为什么呢？被动不但意味着我的自信被打击，更危险的是还会带来合规风险。

3. 合规（习惯）

合规素质在销售中体现在三个习惯上：（1）**该说的说了没有，怎么去说？**需要披露的信息，一定要对客户讲，并且不能让客户反感；（2）**不该说的如何避免胡说？**金融产品销售中，任何一句多余的话，都可能是给自己挖坑；（3）**该问的问了没有？**尽职调查的问题必须问到，并且要得到客户真实的答案。这三点，你做得如何？

合规不是复杂的知识，是一种标准化的行为习惯，随着不断重复会进一步沉淀为金融从业人员的基本素养。

4. 秩序（效率）

请大家看一个情景：在银行的销售面谈中，一位重要客户在了解完基金产品后，还想向客户经理要一份保险的产品资料，可是客户经理一时忘记保险资料放在哪里，忙乎半天后总算找到了，却是一个过期的单页。客户皱皱眉头没讲话，内心却给客户经理减了分。

这是“秩序”的体现，一个训练有素的客户经理，产品资料的摆放应该井井有条。现场找不到产品资料是效率问题，使用过期资料是合规问题，所有这些问题累积，最后就是业绩的问题。

思维、说话、做事都需要秩序，这是客户经理的基本素质，训练有素会提高效率。

工作和打仗是同一原理，优秀的客户经理，会时刻站在高处俯视自己，避免陷入混乱。井井有条的秩序性，是销售合规和高效沟通的基础。

“专业、互动、合规、秩序”，王敏要想突破工作中的困局，就要在第三阶段“知道自己知道什么”中具备这些能力，这会为下一步的蜕变打好业务基础。

题外话：需要重视客户经理的“童年”——新人期培训

我走访过多家银行，发现能了解上述四点并扎实掌握的银行客户经理凤毛麟角。这是为什么呢？

因为银行培训管理的滞后。

渣打银行为了建设一支训练有素的客户经理队伍，2009 年在国内斥巨资成立了“模拟银行”（Simulation Branch）—— 一个完全仿真的银行，这个模拟银行位于北京寸土寸金的王府井东方广场 C1 座 7 层，我是北方区的第一位“管理员”。

配套模拟银行的是全新的业务培训模式，2009 年 2 月渣打推出了“未来先锋”——银行客户经理培养项目。项目的特征是：完成“以讲师为中心（Trainer centric）”到“以学员为中心（Learner centric）”的转化，即从灌输知识的教育模式转变为让学员打开头脑的主动学习模式，以培养在市场多变的环境下，面对高资产客户时，客户经理营销复杂金融产品的能力。

实践表明，“未来先锋”项目是一种人员培养上的“革命”：业务一线的支行长反馈这种培训“有用！不再是走形式”。作为亲身经历者，我感受到的这个项目更深远的价值则在于：这种鼓励人主动思考的模式带给了一批又一批客户经理真正健康的“童年”，数年后，等他们陆续走上了管理岗位，就会开始用同样的思维模式培养合格的新人，当训练有素的人员源源不断地被培养出来，有战斗力的营销队伍必然会产生。

对于培训，王敏评价说：“我们平时培训也特别多，但是感觉没啥用……还经常影响周末休息。”

她绝不是唯一一个这样说的人。

从事外部培训后，我发现一些银行的培训和我工作的银行迥然不同。前者特点如下。

1. **培训重心以领导优先，管理者培训和员工培训割裂**。这些银行更重视对管理者的培训，会在管理课程上投入更多费用，在新人培养上却选择一般的老师；管理者学领导力，员工学执行力，但两者之间并不能形成闭环，上下级间也就无法统一思维语言，最后造成成本的巨大浪费。

2. **培训被培训公司控制**。这些银行的培训管理者往往非常年轻，属于执行岗位人员，精力多用于行政事务中，不得不把培训外包，往往把培训师和课程的选择这些关键要素交由培训公司执行。因此，培训公司实质上控制了银行人的头脑。

3. **培训师资和内容粗放**。只要讲师包装得好，课堂气氛不差，“英雄不问出处”，毫无银行经验的人也可以以导师的身份，带领客户经理做营销、写话术；由于培训内容缺少合规审核，讲师资质作假情况也没有被足够重视，培训内容的质量难以保证。

王敏问："老师，假使我能力具备了，业绩也做好了，会不会一辈子只能做销售？还有其他发展空间吗？"

当然有！

开始蜕变

你的未来在哪里？

【案例：从直销人员到理财经理，一个小伙子的6年】

这是另一个学员的真实经历。

2008年夏天，他还是个贷业务直销人员中的普通一员，长得不帅，也没有银行人特有的精明劲儿，学历一般。他的特征是爱呵呵笑，看上去非常老实。

培训班结束后，他立刻进入团队开始工作，一年以后，他成了团队长（Team Leader）。一天在地铁里，我接到一个他的电话，他正不知所措：给客户的贷款提前一个月放了，客户大发雷霆，客户要他必须替自己交第一个月的还款，否则就投诉他。他问我该怎么办？我帮他分析了问题，建议他首先把情况报告给上级经理，并且不用担心被骂！

又过了一年，他被另一家外资银行挖走，做业务负责人。再过了一年多，第三家银行挖他做理财端直销队伍的负责人。他在这家银行业绩很不错，一年后，自己申请转为理财经理。看了前面内容的读者知道：这是职业生涯上的一次巨大转变。个贷端的直销人员，主要靠强大的心理承受力和行动力生存；而理财经理则需要深入学习各种产品的原理和市场表现。当一个人在贷款端锻炼出强大的承受力和行动力，又在理财端丰富了专业知识，同时还具备管理经验时，在如今充满机遇的时代，这意味着什么？

最新的消息是：他已经任职某大型财富管理公司的副总裁。从小白到高管的蜕变，14 年间，他的经历和变化，非常值得我们学习与借鉴。

通常，银行客户经理的职业发展路径都体现在图 1-3 和图 1-4 中。

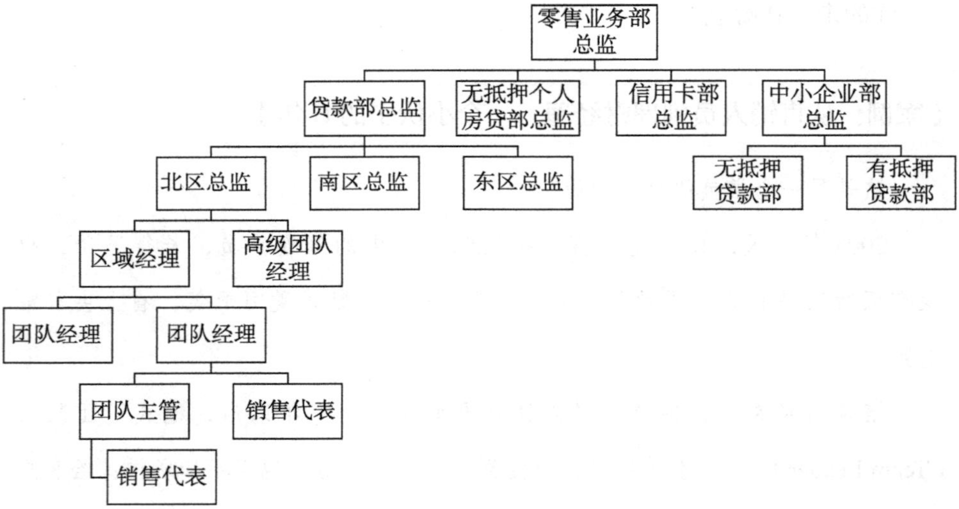

图 1-3　入行三年内的职业路径

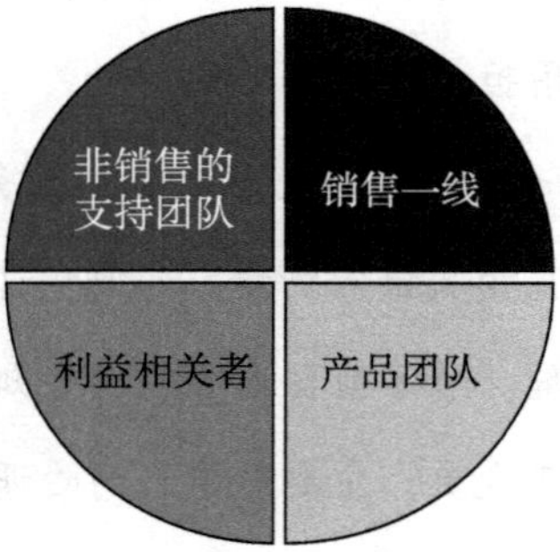

图 1-4　入行三年后的职业方向

很多客户经理都会像王敏一样，特别关心自己的未来，尤其是在遇到挫折的时候，内心更容易动摇。我则建议他们去看看《士兵突击》这部优秀的电视剧，看看许三多在红三连五班那个偏僻的地方是如何每天修路的，作为客户经理，也得自己耐住寂寞、扎实肯干，业绩好了、心态好了，自己的职业之路走哪哪通。想走捷径，是没门的！

有具体做法吗？有！就是在入职的前三年重点做三件事：**睁开眼、管住嘴、迈开腿**，如图 1-5 所示。

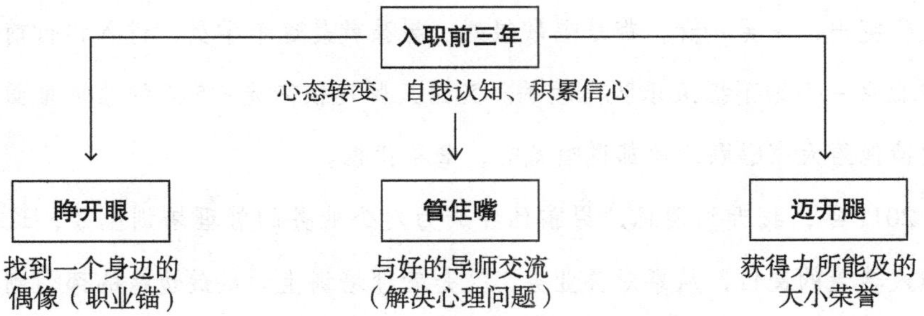

图 1-5　入职前三年要做的三件事

睁开眼：不要看太多，就看当下，对标眼前的一个职业上的“偶像”，研究他，模仿他！他就是你的职业之锚，未能赶上合格的老同事之前，不要东看西看、胡思乱想。

管住嘴：年轻人比较容易冲动，遇事喜欢发表看法，但说者无心、听者有意，一旦被误解就会造成内部矛盾。所以，如果需要倾诉，那么需要找合适的倾听对象。导师是最合适的人选之一，导师可以是内部的，也可以是外部的，他会给你安全感，还可以以过来人的视角提出一些建议，这样能最大限度解决年轻人的心理问题。

迈开腿：时光不等人，任何对荣誉的不屑往往只是因为在能力上无法达标。从小目标做起，不断积累小成功，距离蜕变就会越来越近！

王敏说："我现在最大的问题不是不知道这些道理，而是我觉得我不爱这个工作，没有激情，而且我现在觉得自己连爱好都没有了……很没劲！"

是啊，原动力在哪里呢？没有动力，人就不可能行动！

【案例：你不能选择岗位，但可以选择主动】

2009年，我遇到一个学员，他进了前文说的一天要打300个电话的外资银行Hunter直销队伍，销售最难卖的产品——无抵押个贷。同批学员里有两个人很突出，一男一女，都是唱歌很好。男孩就是这个学员，进入银行前，他曾在北京一个地下摇滚乐队当歌手。又酷又帅还很阳光：5天的培训里面，我每次请他给大家唱歌，他都说唱就唱，毫不扭捏。

2011年，我听到消息，男孩已经成为对公业务的管理培训生了，这可是很多人艳羡的岗位，从事对公业务，又是管理培训生。从最边缘的部门到对公业务，他为什么这么幸运？

从别人口中，我了解到几个原因：第一，外形酷、帅，态度积极，给他赢得了人气，在单位的活动、演出中，他毫无争议地成了主角；第二，同事们在活动上认识了他，对他印象很好，就把自己的亲戚朋友介绍给他（都是优质的潜在客户），客户来源充足，任务容易达成；第三，他某次在员工俱乐部的表现，引起了行长的注意。于是令人艳羡的机会随之而来。

这个产品线的班级，我培训了很多个，学员流失率非常大，能留存一年的很少，而留下来并且成功转型到对公业务的，截至目前也只有这一个。作为培训师，我偶尔会偷偷地将同龄的学员和自己作对比，对比之后，常倒吸一口冷气，因为我发现他们都很强。这个男孩，学历不高，也没有银行经验，他凭什么被幸运之神青睐？我认为是乐观和主动！无论在哪儿，痛快地工作、做最好的自己，心情好了、事情做好了，运气就来了。

有人会说："这是鸡汤！主动？我长得一般，也不会唱歌，你让我主动做什么呢？"是的，如果一个人没有什么特长，最开始的主动应该从何处开始？答案是：**研究自己的工作！**工作给你饭吃，如果在工作中能从细节的改变里获取成功，比如得到客户的一声赞许，获得一个小的签单，这会给人快乐，而且一个又一个的小成绩会逐渐让自己与众不同！

王敏说："老师，这鸡汤听得我有些澎湃，但是我能做到吗？我已经很久没有信心了。"

我说："我特别理解你的心情，如果你老喝鸡汤，之后还会失落，进而产生反感。我给你讲讲我自己的经历和一个学员的对比吧。"

【案例：我的经历与读者的故事】

我的经历

我 2000 年本科毕业，在毕业后懵懂的前 3 年中，我逐渐对自己产生了一个自我认知：性格上有点躁，治疗的办法是从头做起，用经历打磨弱点，必须对自己狠一点！

于是，我在 2004 年 2 月开始接触保险，之后在某外资保险公司做保险代理人（这是我自己的选择）。因为业绩不错，年龄、性别、学历合适，我就顺利地走上了销售管理岗位。2007 年恰逢外资银行本土化，又被招入银行，从此转型做银行销售培训，在这个领域一直工作至今。

回头看这 22 年，最大的变化发生在最初几年，后悔的事也大多发生在那几年，比如，在当时的岗位上为什么没有做得更深入一点？处于那个角色时为什么没有努力再上升一步？为什么遇到困难时思想活动那么多，而没有直接就去行动呢？每当想到这些，我就会遗憾和惭愧。

但如今回头看，我给过往打80分，主要是因为面对困难与诱惑时没有随波逐流，而是通过经历愈发认识到自己的优势和不足。

狂喜与自卑、浮躁与遗憾，我都经历过，这些曾给我带来无尽烦恼，但也让我开始探索一个领域——“自我管理”：既然是自己要对自己负责，我能先管好自己吗？我尝试从经历中找规律。在这个过程中，我体会到：情绪波动是客观存在的，既然改不了，人首先要接纳自己，再去扬长避短！实质上，浮躁和沉稳具有同等价值，因为，心态稳定后有助于帮助他人，而情绪的落差则可以带来巨大创意。每个人都不一样，每个人都要学着去了解自己、肯定自己，这就是动力来源。

上面是我的故事，按照“知道论”，从第一阶段“不知道自己不知道什么”到第四阶段“不知道自己知道什么”，我的一个循环平均用了3年时间。

读者的故事

我有一个读者，她是某银行的客户经理，她曾在《零售银行》杂志上读到过我写的专栏，然后扫描微信加了我以后一直没有说过话。突然有一天，她发信息说：“苏老师，我能问您一个问题吗？我总是对现在的工作感到迷茫，您能帮我指点一下迷津吗？”类似的问题，也有其他学员问过。我请她空闲时，将遇到的具体的问题写邮件给我，我会认真回复。

这么做出于几个考虑：第一，我当时正忙，不好一心二用，我认为如果自己状态不好，就难以真正帮到别人，但我可以选择在安静的时候好好回复她的邮件；第二，根据我的经验，咨询的人问你问题，往往是想和你说说话，话说完了，问题就解决了大部分。而写的过程就是一个自我对话的过程，很多时候，一写出来，问题也就解决了十之八九。

还有第三个更重要的原因，我担心她今后会“受制于人”。我见过一些这样的朋友：因为自己感到困苦，就去找知心大叔、大姐寻求答案，结果并不能解决问题，反而造成依赖。遇到的是好人，则罢，如果遇到的是不好的人，甚至会被精神控制，后果很严重……老实说，任何事情都是兑价，天下哪里有免费的午餐？

20 多年的工作经历中，有个信念一直在我心中：**人需要经历孤独，做销售和做军人类似，只有充分品尝孤独和困苦，才能磨炼出意志！**

结果呢，她没有写，也就没有后续。

如果她写了会怎么样？我不但会认真回复，而且会进一步建议她学会自我对话，记录自己的情绪。

这是我的成功经验：想改变情绪化，就必须直面它，反思和记录是一种非常好的处理手段，能够带给人平静和自我觉察。这是自我管理的一部分。

2004 年 3 月，为了应对暴躁、狂喜、悔恨等巨大的情绪状态，我开始尝试记录工作的全部，包括在开心、不开心、不爽之后怎么变开心，开心之后又如何乐极生悲了，等等，我将这些记录命名为《我的保险日记》，发帖子在人大 MBA 论坛上。

在那几年中，作为一个年轻男士，我虽然主动，但是内心骄傲，卖的又是人见人误会的保险，没有人乐意做我的知心大哥和知心大姐，对我唯恐避之不及，但是我总得活下去，还要活出个样子。所以，我就摸索出了这个调整自己的办法：自言自语，并且记下来。

有趣的是，我的这些自言自语，在被阅读后，给我带来了我的第一个客户、第一个团队成员、很多的粉丝以及并肩战斗的朋友……最让我没有想到的是，数年之后，我偶尔回顾，才发现：原来，过去的那些烦恼，竟然全都不是事儿，反而成为有趣的故事。挫折给我留下了很多难以忘记的故事，这让我信心百倍，就像那首歌唱的：“别想把黑暗放在我的面前，太阳已生长在我心底，不再有封闭的畏惧，滚烫的灵魂飞向天际”。（唐朝乐队的《太阳》）从那时开始，我习惯用乐观的心态审视正在面临的困难！

这位读者的行为，表明她正处在职业循环某个困惑的状态中。

在客户经理的职业历程中，状态管理是永恒的难题。如何让自己充满斗志和力量？如何减少情绪起伏？如何不被空虚摆布？……这同时也是管理者们的工作。答案就是：做好自我管理！那怎么实操呢？本书第五章会专门讲述“销售人员的自我管理”。

做客户经理，其实只有两个选择：一个是当下乐、回头空虚，另一个是当下苦、未来精彩！

你选哪个呢？

我希望有一天会发生这样的情景：你已经须发皆白，当你心情愉快地抱起自己的孙儿，满怀暖意地看着他，给他讲自己年轻时的故事时，会想起自己年轻时看过一本书，认识了一个有点不一样的人，这人姓苏，叫苏卫宏。

工作都是经历，包含一些故事，那我们不妨就让它精彩一点。

第二章

电话约访

现在每个银行对客户经理几乎都有这样的要求：每天打一定数量的约访电话，但很多客户经理打电话时，在心理建设和技巧上依然存在不足。

【案例：王敏对电话的恐惧】

行里的考核方向主要有三个：新增理财客户数，产品覆盖率，客户资产增量。

客户经理王敏叹了口气，拿起电话摁了个号码，拨过去，电话的那头是一个她从来没接触过的客户。她从系统查过，对方早就是行里的客户了，但是资产量不高，前面的客户经理联络得不多，自己接手后，这也是第一次联系。

这次打电话是迫于无奈，开会时领导说了，现在客户流失太严重，存量客户如果不常联系，就会眼睁睁地被别的银行挖走了，所以必须激活这些客户！领导说得很对，但是还有一个情况是王敏担心的，那就是自己的客户群质量不好，资产量高一点的客户尤其少。对此，王敏曾问过主管：“为啥不给我分点资产量高的客户呢？”主管一句话就噎住了她：“先从小客户开始培养吧，小的都做不好，一下子给个大的，会不会把客户丢掉？”

电话通了，但是那边一直没有人接，王敏心里很纠结：“最好别有人接，再过 30 秒，再没人接，就算了。”

1 分钟了，还没有人接，王敏挂掉电话，如释重负。

可是马上，她又皱起眉。她知道，如果老是没人接，自己就是在浪费时间，但自己就是不喜欢打电话，怎么办呢？

你体会过王敏的心理活动吗？

打电话，常见的是三个挑战：不敢打、不愿打、不会打。

问题 1：不敢打电话，怎么办

大部分人害怕打电话是担心遭到拒绝，这是一种心理障碍。

遇到这种问题，我会讲述我的亲身经历，让大家从中去找寻答案。

2005 年 5 月，我在保险公司做代理人。为了激励大家节假日继续营销，公司出台激励政策：只要愿意在“五一”假期来公司打陌生电话的，就会奖励优质名单——通过做市场活动得到的一份新手父母名单。这个名单质量真的不错，通常陌生电话打 10 个，9 个会被挂掉或者打不通，而这个名单里面，打 5 个有 3 个能和你聊起来。

每次打电话前，我会准备好参考话术、行事历、本子和笔，然后深呼吸、笑起来，将自己调整到最佳状态，之后再拨出电话，这些都是前期训练的要求。标准的操作方法加上质量优良的名单，那个五一节，我的电话打得很顺利，直到遇到一位先生。

“喂（升调），您好，请问是刘 × 先生吗？”（时间太久，现在记不清那位客户的姓名了，姑且以刘姓代替。）

“你好，哪位？”电话那边的话语比较礼貌。

“刘先生您好，听说您要做爸爸了，祝贺您！”我带着欢快的语调，看着话术本。

这套话术此前被证实是行之有效的，几乎不会有哪个接电话的妈妈或爸爸反问“你怎么知道的”，通常他们的第一反应是高兴地说：“谢谢！您是哪位？”然后我们就回答：“祝贺您，× 先生（女士），这里是一家外资保险公司，我们最近推出了一套给宝宝的健康保障方案，特别好，很多爸爸（妈妈）都选它作为给宝宝的礼物，不知您是否也有过这种想法？”通常在人生的这个特殊时候，母爱或父爱会使人温柔很多——即使是面对推销员。如果客户此时没有坚决反对，我们就立刻邀约见面或者提出用电子邮件发送材料。

但是这次，没想到的是，刘先生很低沉地说：“噢，孩子已经没了……”

他后面说了些什么，我没听清，脑子里一片空白，我欢快的语调一下子显得那么不合时宜，那一刻，我极为尴尬，恨不得这个电话没有打过。

匆忙中，我一定是连续说了好几次：“真的很抱歉，打扰您了，真的对不起！真的对不起！”因为直到现在我还记得对方在我挂电话前，说的最后一句话是：“没关系。”对方说完之后，我违反了电话训练中的要求，未等客户挂机，就自己挂掉了，因为实在是心慌，无力再等。

这是我终生难忘的一次电话。

另外一次，则是给微软打营销电话，当时一个熟人给了我该公司的黄页（说明：为避免违反合规，在名单来源上，请读者不要采用这种方法）。由于是内部黄页，没有手机，只有总机转分机。照例，我准备好一切，深呼吸、微笑，拨过去。连续打了几个电话后，我的状态越来越好。

我开始为自己的电话技巧得意，有点飘飘然。当电话打到一个黄姓名字的时候，根据名字的拼写，我确认这一定是个女士，典型的女性名字。

由于状态很兴奋，电话一接通，没等对方说话，我就直接问候了："您好，请问是黄 ××，黄女士吧？"我热情洋溢，声调温暖，想给对方一个惊喜。

"我是黄 ××！"居然是个男士的声音，而且听起来是沉稳严肃的人，音调很低。

搞错了！竟然把人家的性别搞错了！怎么办？我极囧，大脑不经思索，直接扔出一句话："噢！对不起，我一定是打错了！"然后，迅速挂机。惊魂未定！

这两个电话，都被记在了我当时的销售日记中。

故事讲完后，我问课上的学员："你们觉得我的电话打得成功吗？"

学员们摇头。

我说："没成功，对我有什么重大影响吗？"

学员说："没有？"

我说："那还怕什么呢？就一个电话，怕什么？！"

大家沉默，但是开始思考。

我继续问："谁能告诉我，打电话，包括刚才这两个失败的电话，给我的收获是什么？"

学员们各抒己见。

最后我陈述心声：

"打陌生销售电话这件事最大的价值是，让我收获了最难得的经历！

"如果有一件事让人在十年以后还能记得起来，并且想起来颇有价值，这样的事就是金子！这样的金子，在销售岗位上能遇到很多，客户经理吃的是青春饭，在有限的几年时间里，必须积累自己的故事！自己的金子，是自信的来源，也是我们真正的铁饭碗！”

我说这些话的时候，总是很动感情。

大家听了这些话会陷入沉默，然后神色开始变化，逐渐也有学员开始怯生生地问：“老师，那你有成功经历吗？”

那必须有！时间虽然能把痛苦变为金子，但如果当时就突破了困难、取得了成功，那更是能把一个人的信心点燃！我接着会给他们讲几个非常有趣的成功案例。

听完之后，学员的眼神开始发亮，每个人跃跃欲试。

在四大行，客户经理们的能动性需要被引导、被鼓舞，而在另外一些“稍显残酷”的银行，如果你不打电话，你就“活”不下来，这样事情也就简单了，不敢干也得干！

银行的客户经理们一般最害怕两件事：一个是打电话，另一个是卖保险。

2010 年，我有一个年轻的同事去汇丰银行做了某支行零售负责人，过去之后他以保险卖得好而闻名。我很好奇地问他：“你是怎么培训大家的呢？”他哈哈大笑：“很简单，想不想干？不想干就走人，想干，就别抱怨！”他的话震撼了我，甚至当时就开始怀疑：我们搞培训的是不是把简单的事儿搞复杂了？

确实，真的不复杂，人只有一个敌人，就是自己！对自己狠一点，一切都能解决！唯一的问题是：**谁来逼你，谁愿意费力不讨好地去逼你呢？**

自己逼自己，是刺激的经历，也是唯一出路。

我是从打陌生电话的经历中成长起来的，真正的陌生电话是那种对方和你压根不认识，也没有过任何可以拉近关系的业务联系，成功率非常低。电话打到一定程度，就要打这种纯陌生的电话才会有感觉，因为不知道会遇到什么：有时候电话那边会毫无来由地对你一通骂；有时候对面那个人又会乐呵呵地说你像年轻时的自己；还有人因为一个电话成了你的粉丝；甚至有些同事因为陌生电话解决了婚姻问题……总之，每当我拿起电话，拨出一个陌生的号码时，就意味着一个新鲜的人马上就要走进你的生活，新鲜的经历马上发生。这种感觉实在令人兴奋。

问题 2：不愿打电话，怎么办

不愿打电话，没问题，但是你得有本事活下来。

在银行真的有平时不打电话也照样活得很好的客户经理，这往往是一些老销售！老销售的客户盘子大，任务虽然也重，但是他们凭借多年的积累总是能完成任务的。新销售见老员工这样，就想模仿，也就不愿意打电话了。但是这批人不打电话业绩上不来，怎么办呢？

银行就对外招标做培训项目，行外吸存和休眠客户激活的培训项目在银行广受欢迎，但培训一结束，效果就开始弱化，这是很多银行管理者最为头疼的问题之一。

为什么辅导老师走了之后，客户经理就不愿打电话了呢？

我们要承认，打电话是容易令人受挫的一种业务拓展方式，每一次受挫都会消耗个人能量。在有辅导老师督促并进行小组竞赛的情况下，容易形成一种积极、能量充沛的气氛，让人有劲儿；即使电话中遭到拒绝，辅导老师及时的跟进指导也会帮助客户经理把问题解决。

可是，项目一结束，老师走了，这个气氛就消失了。一两周的辅导，可以让销售人员通过体验开始改变信念，但新习惯的养成需要一个更长的周期，若想固化习惯，必须继续改变环境。

改变环境、固化习惯，要从以下三方面入手。

第一方面，用标准固化动作。

目前的银行项目，多是短期，甲方希望短平快地出业绩，导致乙方不得不想尽办法创造“大跃进”，注重结果却忽视过程。

在培训和辅导的过程中，甲方除了关注业绩数字之外，更要重点关注每个客户经理打电话的标准动作，以及习惯是否开始养成，甚至可以去询问辅导老师计划怎么解决上述问题。

能做到这一点，需要银行的项目对接人具有很清晰的业务视角。

第二方面，用机制营造电话氛围。

打电话的培训项目，在热烈的辅导氛围结束后，是否还可以继续保持呢？答案是肯定的！保险业的业务电话日常打得热火朝天，就是活生生的例子，事实上，很多辅导顾问就来自保险公司。

营造氛围，需要有专人推动。银行内部，团队负责人岗位（个金行长、团队经理等）是最合适的人选，但是多数银行的基层管理者是因个人业绩提拔上来的，尚未完成管理角色的转变，他们急需落地的销售管理实务培训。（请参考本书第八章第一模块“以结果为导向的业务培训”。）

第三方面，用信念唤起动力。

有一种观点：相比个险行业，银行的人娇气，吃不了苦。这是一个错误的论断，银行的客户经理学历背景好，脑子快，也勤奋，最大的问题只是“想得太多”——“不是我不吃苦，而是我要不要用这个方式吃苦”。

这个问题是由环境引发的，在竞争激烈的银行中，业绩是指挥棒。他们会想：“如果我靠维护好几个老客户就能完成任务，为什么非要打陌生客户的电话呢？老被拒绝多痛苦……这笔账，我会算！”

但是，账真该这么算吗？老客户资源得不到更新怎么办？老客户被别的银行挖走了又怎么办？只注重眼前、没有远见，是银行客户经理比较常见的“计算错误”。

这也说明，银行没有帮助客户经理去深入思考一些问题，例如，客观上，客户经理这个岗位你能做多久？你怎么能把工作做好？你该具有什么能力？怎么去提高这种能力？

授课过程中，我会现场脱稿演练，直接应对挑战，每当这时候，常会有学员鼓掌，或者带着羡慕的眼光感叹说：“如果我也能这样就好了。”为什么很多培训师（包括我）可以脱口背出10多年前的一段话术并能客观分析话术利弊呢？是因为我们被严格地训练过，我们失败过，成功过，也思考过！

所以，客户经理愿不愿意打电话，根源在于银行是否能够在新人期就有意识、有方法地去培养他们树立一种正确的工作信念，一定要“算”在他们前面，一定要比他们算得更“对”、更“长远”！只有内心有了正确答案，人才会有意愿和动力去行动！

问题3：不会打电话，怎么办

帮客户经理克服了心理障碍，找到了激发意愿的根源后，现在我们来解决技术问题。

在银行，最该打的电话分两种：

1. 休眠客户激活电话；

2. 现有客户维系电话。

休眠客户，指虽然在银行开过户，但是客户经理和客户之间至少半年以上没有联系的客户；现有客户，指客户知道自己由哪位客户经理服务的客户，根据日常联络的频率，又分为熟客和普通客户。

休眠客户激活电话的难点在于，现在人人都被营销电话骚扰过，我再打过去会被拒绝吗？现有客户维系电话的难点则在于，虽然我认识客户，但如果是没话找话，极为尴尬！

那么电话该怎么打呢？

现有客户维系电话主要需要客户经理找到打电话的合适理由（请阅读本书第四章）。

而通过电话约访激活休眠客户，需要四个步骤，如图 2-1 所示。

图 2-1　激活休眠客户的四个步骤

当这四个步骤完成之后，客户就会重新苏醒，他会来银行找你，下一步就是展开销售面谈。那时，“顾问式销售”就将发挥作用，这在第三章里会分步骤进行解析。

➲ 第 1 步：客户筛选

给休眠客户打电话要有明确的目标。例如，王敏的考核指标中包含新增理财客户数、产品覆盖率、客户资产总量提升三个方向。

以新增理财客户数（理财客户的标准是资产量达到 20 万元）为例，打电话前，客户经理需要根据两个标准进行“客户筛选”：（1）资产量不低于 10 万元，这样提升到 20 万元相对容易；（2）约访理由充分，即客户经理知道客户的需求，于是可以自信地打电话给客户，约他来银行。

以下几类客户会成为首选：

a. 定期存款或理财产品即将到期的客户；

b. 保险即将到期的客户；

c. 活期账户上有较多闲置资金的客户；

d. 借记卡流水消费比较多的客户。

在 CRM 系统中筛选出的这几类客户，约访成功率较高，平均能达到 50%。这适宜用于打电话的起步阶段，帮助客户经理消除电话恐惧。

当客户经理打电话的技巧逐渐熟练之后，可以开始打另一种难度加大的休眠客户电话。

第一个筛选标准是“客户资产量”，与前一类客户相同；第二个筛选标准则改为“分群客户”，即依据客户特点归类，同一画像下的客户需求点相似，可采用同一类话术沟通。

通常会有如下分群：

a. 拆迁户

b. 小老板（私营业主）

c. 全职太太

d. 公务员

e. 教师

f. 外企白领

这种电话的难度会比第一种大，因为你只了解这个画像人群的需求共性，并不知道每个人最直接的需求。因此邀约时，除了尝试用具体产品或服务之外，沙龙活动也是一个相对宽泛、效果较好的方式（详情参阅第六章）。

➲ 第 2 步：短信破冰

筛选出目标客户后，如果客户经理直接拨电话过去，客户的态度通常会很对立：“你是谁？你为什么给我打电话？你是不是骗子……”这样客户经理就容易变得被动，一旦被动，就更会紧张失措，于是打电话受挫。

为了给自己一个打电话的正当理由，也是为了让客户接到电话后不至于感到太突然，客户经理可以发一条预热短信。

短信模板

尊敬的 ×× 先生（女士），您好！我是 × 行 ×× 支行您的专属客户经理 ×××，很冒昧以短信的方式与您做预先的简短交流。

作为您的专属客户经理，我的职责是帮您节省来行办理业务的时间（如提前取号）、帮您合理减免相关服务费用（如某些手续费），并满足您的一些个性化理财需求（如理财咨询）。

如果您不介意，我将在 ×× 时间给您打一个大约 3 分钟的电话，或是您安排一个更合适的时间我们再联系。

祝您与家人幸福、平安！

×× 银行 ×××

客户收到这条短信之后，会有三种反应：

（1）很高兴或很厌恶，然后回复同意或不同意，这种概率很低；

（2）感觉有趣，但只是看看，没搭理；

（3）没看，直接屏蔽或忽视。

无论哪一种情况，都不要紧，这条短信的本质目的是在为电话沟通的开场做准备："×× 先生您好，我 ×× 时给您发过短信，您收到了吗？"这句话会提醒客户自己的电话不是无端冒犯，这会给客户经理很足的底气！

目标客户选出来了，短信发了，接下来，就准备进入打电话的阶段！

➲ 第 3 步：电话邀约

电话中邀约的理由通常有两个：

（1）“我”对您很重要，请您过来；

（2）有一个“事”对您很重要，所以，请您过来。

无论哪个理由，都需要在最短的时间里、在最大程度上让客户感受到这个电话对自己的“好处”！

下面是两段话术范本。

第一个邀约理由：过来认识我。

话术模板一

您好！请问是任 ×，任女士吗？

任女士，您好，我是 × × 银行 × × 支行您的专属理财经理 × × ×，前面我给您发过一条短信，您收到了吗？

是这样的，任女士，今天给您打电话是有一个好消息通知您，1 分钟，您方便吗？

为了更好地为您服务，首先想了解一下，任女士您对之前我行的服务还满意吗？（客户说“满意”，感谢她；客户说“不满意”，倾听与记录）

非常感谢您的信任（或反馈），我都已经记下来了，谢谢您！

任女士 ，有一个好消息是，我们行开始推行一对一客户经理制，我就是您的一对一专属客户经理，您下次来我行，请一定提前告诉我，专属客户经理能帮到您很多，比如帮助您节约时间，提前排号，或者帮助您合理规避一些费用，提醒您做一个收益高的理财，等等。

您最近什么时间来行？我和您细讲一下。

这一段话术，也是在销售自己，就像朋友一样打给客户，告诉他“我是您的专属客户经理”，和我见面好处很多。当感受到足够多的好处（当然还有热情）时，客户要么应邀来行，要么会加上你的微信。

第二个邀约理由：请过来办你需要的业务。

话术模板二

您好！请问是任 ×，任女士吗?

任女士您好，我是 × 银行 ×× 支行您的专属理财经理 ×××，前面我给您发过一条短信，您收到了吗?

是这样的，任女士，今天给您打电话是有一个重要消息告诉您，1 分钟，您现在可以吗?

是这样，系统提示，您在我行的一笔理财业务快到期了，不知这笔资金到期后您是希望看一下收益更高的产品还是更侧重稳健的产品?

……

这一段话术，针对的休眠客户是“定期存款或理财产品即将到期的客户”，客户一定会关心自己的钱，所以，就以此切入，顺理成章实现约访。

第 4 步：短（微）信提醒

即使电话约访的过程很顺利，客户依然可能会爽约，或者客户忘记了预定的时间、地点，或者客户经理的电话号码。

为了控制过程中的各种风险，保险业有一种很好的做法，即电话挂掉之后，立刻给客户发一个短信，短信内容包括：来访地址、时间、人物、联系方式。如果是重要客户，在其到来前一天需再次电话或短信提醒。

邀约电话后的短信（或微信）的范本如下：

尊敬的 ×× 先生（或女士），感谢您抽出宝贵时间与我交流。

我行的地址是：×××

我的联系电话：139××××××××（请惠存）

您 × 日 × 时过来办理业务的时候，请记得携带身份证和 ×× 资料。

您的 ×× 行专属客户经理：×××

祝您幸福、平安！

这条短信，从情感上来说，开头感谢了客户，结尾祝福了客户，让人感到很贴心；内容上，也有关键点的提醒，必带资料、时间、地点、电话，这对粗心的客户非常有价值。

短信发出后，客户通常不会回，没关系，请坚信：一个专业并有温度的客户经理形象已经开始在他脑海中形成！

你的第一步已经做好，接下来，就是等待他来，进行更加直接的接触——顾问式销售面谈。

激活休眠客户的四个步骤看起来简单、清晰，在实践中容易出哪些问题呢？

下面是发生在某行电话辅导现场的真实事件。

在通关考试时，我请学员打电话给我，我作为客户角色接听。

电话结束之后，我问学员："如果电话很成功，我按约定到行了，见面的时候，你会做什么？"

学员说："我看有什么适合你的产品介绍给你。"

我问："在介绍产品前，能不能先给我个关心或赞美？"

学员脸就红了："可以可以！"

我继续说："如果给我赞美，你会赞美我什么？"

学员想想，说："赞美一下您守时，行吗？"

我说："行！除了这个，还能有别的吗？"

"我想赞美您的手表有品位，又担心刚一见面不太合适。"他想不出。

这是一个典型的销售场景，通常人们会去学习赞美的技巧，但比技巧重要的是客户经理的反应，反应模式就是一种习惯。

"赞美"作为"技巧"经常会令人感觉很假，赞美客户守时、赞美客户的气色，都太常见了……有没有更多、更真实的赞美？如果有，从哪里来呢？

给学员做电话约访训练时，我会多做一个要求：和客户通完电话后，客户经理要即刻记录下客户通话中让你印象深刻的语句和与客户交流过程中对客户的正面感受。比如，这个人很阳光、声音很好听、很耐心或很直率等。将来在某天线下见面的时候，把你最初的感受和事实讲给客户听就可以了。这是最好的破冰方法，不用临时想词句！

养成这个习惯要借助工具，下面是电话约访常用的三个工具。

电话约访常用的三个工具

要想学会打电话，就必须学会使用工具。

电话约访常用的工具有三种：

（1）电话邀约话术；

（2）行事历；

（3）"活档案"。

工具 1：电话邀约话术

您好！请问是任 ×，任女士吗？（电话开场最关键的是“温度”，温度从客户经理的笑容、声调和对客户的称呼中体现出来。）

哪位？

任女士，您好，我是 ×× 银行 ×× 支行您的专属客户经理 ×××，前面给您发过一条短信，您收到了吗？（再次称呼客户，并将自我介绍和破冰连在一起，一气呵成，不给客户质疑的时间。）

我没太留意，什么事？

是这样的，任女士，今天给您打电话是有一个重要消息要告知您，需要您一分钟的时间，您现在可以吗？（第三次称呼客户，并先讲出好处，再确认时间，以减少被拒绝的概率。）

你说！

为更好地为您服务，首先想了解一下，任女士您对之前我行的服务还满意吗？（请客户讲话，客户开口即破冰。）

还可以。

好的，非常感谢您的肯定！另外一个重要消息是，系统提示我，您在我行的一笔理财业务快到期了，不知这笔资金到期后您是希望看收益更高的产品还是更侧重稳健的产品？（听客户观点。）

我还没考虑好，安全又收益高当然最好了。

好的，您希望安全并且收益尽量也高，是吗？

是啊！

好的，针对目前的经济环境和客户们的这种共性需求，我行特意安排了一个讲座，主题是“保本产品没有了，如何继续高效理财”，在本周六下午三点，您时间方便吗？（提出约访——邀约参加沙龙。）

哎呀，我要陪孩子上辅导班，去不了。

噢，没关系，这次是一个非常接地气的专家苏卫宏苏老师来做讲座，您来不了，我先去听听，您的理财到期前，您能来行里吗？我和您梳理一下产品和专家的建议。您看好吗？”（约访理由。）

行！

好的任女士！今天是周五，下周一或周二哪天您更方便呢？（确定时间。）

周三吧！

好的，周三下午三点，我在行里等您可以吗？（确定细节时间和地点。）

好！

谢谢任女士，您记得带上身份证！我随后会把时间、我们的地址和我的电话发微信给您，好吗？（实现加微信的目标。）

好的！

这个手机号是您常用微信吗？（水到渠成加微信。）

是的！

好的，任女士，那等下我就发给您，麻烦您通过。祝您生活愉快，再见！（有头有尾。）

再见！

分析：以上是针对理财产品到期客户的邀约对话。话术不是固定不变的，话术结构要严谨，语气有温度。

话术的结构实质包含四句话：

第一句，确认身份，保证合规；

第二句，引发兴趣，避免挂机；

第三句，吸引对方，尝试邀约；

第四句，确认细节，达成目标。

打电话时，对方听到的信息中，只有 7% 是你讲的内容，而有 93% 是你传达出的精气神，关于这点，后面“销售状态”和“自我管理”中会详解。

➲ 工具 2：行事历

电话通关考试中，电话挂掉后，我会迅速提问学员：你和对方约的什么时间，具体几点，为什么要在那个时候？这时，学员常见的问题是把时间约重了，几个客户都约在了同一天的同一个时间；或者突然发现某个约访的时间，有内部会议……

出现这种情况，是因为客户经理没有配合电话，正确使用“行事历”的习惯，行事历范本如表 2-1 所示。

表 2-1　行事历范本

时间	月　日 星期	月　日 星期	月　日 星期	月　日 星期	月　日 星期	月　日 星期	月　日 星期
9：00							
10：00							
11：00							
12：00							
13：00							
14：00							
15：00							
16：00							
17：00							

（续表）

时间	月 日 星期	月 日 星期	月 日 星期	月 日 星期	月 日 星期	月 日 星期	月 日 星期
18：00							
19：00							

客户经理要在每次打电话之前，把行事历放在面前，提前排出空白时间，原则是：**只在自己有空的时间约访目标客户**。

每次在电话中和客户定下的约访时间，尽量都约在两周内，超过两周的，常有变数。

行事历，是客户关系管理和自我管理的核心工具，一个训练有素的职业销售人员的时间管理能力，通常就体现在这个工具中。

工具 3："活档案"，体现在休眠客户激活训练电话记录表中

表 2-2　休眠客户激活训练电话记录表

日期：　　　　　　填表人：　　　　　　客户类别：

序号	客户姓名	年龄	性别	联系电话	已办业务	资产状况	通话记录	备注
1								
2								
3								
4								
5								
6								
7								
8								

在表 2-2 中，前面的部分，属于客户的“基础档案”，即客户的信息，这些可以在 CRM 系统中筛选出来；“通话记录”一栏则属于“活档案”，记录过去历次通话和本次通话的要点。

各银行的 CRM 系统中，不少已经整合了这个表格的内容：客户的基础信息可以在对应页面不断更新，同时又可以随时在另一个页面调出客户经理与客户的历史联系记录。

“活档案”忠实记录了每一次客户经理和客户的沟通过程。“活档案”可以不固定格式，我常用的方式是以客户的名字建立一个 Word 文档，里面按照时间顺序记录每一次和客户沟通的要点。有一次，我曾让客户看他和我的沟通记录，客户的感受是震惊。

建立与使用“活档案”是做好客户关系管理的关键。在给各银行辅导时，我发现多数客户经理对于“活档案”不够重视，常常是碎片化、零散化的，不便保存；与此同时，少数绩优人员在这一点上却普遍井井有条、扎实详尽，所以工作习惯决定着业绩表现。

这个重要的习惯，很难靠个人自发养成，它的养成路径是：首先通过有效的培训将“活档案”的概念与价值灌输到管理者与销售人员的头脑中，培训结束后，再通过辅导，让习惯固化到行为里。

第三章

销售面谈——顾问式销售

销售状态

为什么客户经理看了很多营销的书、听了很多沟通的课，踌躇满志，但是学到的方法到客户面前就“失效”了呢？

因为决定成交的不是话术，而是销售状态。

【案例：客户经理王敏被冷酷拒绝】

客户经理王敏对销售期缴保险感到头疼，这也是困扰团队中其他人的问题。因此，银行外请培训师进行了一天培训，之后还进行了30分钟的一对一辅导。培训过程中老师声情并茂，讲解了保险的理念和分类，王敏和同事们很受触动，甚至落了泪。一对一辅导时，在技巧方面，王敏特别提出少儿险该怎么销售的问题，辅导老师建议不要从产品开始谈，而是让王敏多询问一下已经购买这个产品的客户，总结他们购买的原因，然后将老客户的故事讲给新客户听，王敏感到茅塞顿开。

在积累了一些这样的真实故事后，王敏准备在客户李先生身上做尝试。电话约访中，李先生说周一上午9点半他可以来换一张金卡。之前王敏电话约过李先生几次，李先生都是因为时间紧张过不来，这次好不容易答应了，王敏立刻同意了！（**问题1：王敏立刻同意客户要求的时间，这样存在什么风险吗？**）通过客户档案，王敏知道李先生有一个两岁的儿子，她决定借这个机会向李先生推荐一下少儿险。

因为临近年底，王敏和同事们周日也没能休息，外拓到郊县的一个企业做理财沙龙，晚上9点才回到家，饭也不想吃，往床上一瘫，看短视频放松一下，看着看着就睡着了。到夜里12点多，突然惊醒，赶紧洗漱再睡。周一早上7点半，王敏被闹钟叫醒，收拾之后，来不及吃饭了，就赶到银行参加早会。（**问题2：从昨晚到今晨，王敏的经历对和李先生的面谈会产生什么影响？**）和往常一样，周一早上，王敏一直在处理行政事务，没想到的是，9点15分，李先生就到了银行。客户来早了，自己还没给客户拿号，王敏有点急，更不巧，两个窗口前人还都比较多。（**问题3：对于沟通提前开始，王敏做好准备了吗？**）

王敏赶紧帮李先生取了一个普通号和一个贵宾号，先排上，然后请他坐下喝口水。李先生坐定后，王敏说没想到您来这么早。李先生解释，因为怕人多就特意早了点，自己是偷着出来的，还要尽快赶紧回去以免被领导发现，没想到排了这么多人……王敏一听，看看前面的长队，不禁有些内心焦灼。（**问题4：王敏的心态被客户影响，如果是你，会怎么处理？**）尴尬中，她想起不如趁这个时候和李先生谈谈少儿险，于是挤出微笑，说："您看还得等一会儿，要么我给您看一份我们这儿的少儿险吧，您可以为儿子考虑考虑。"

话刚说完，王敏感到不太合适，是不是太直接了？（**问题5：王敏为什么会脱口而出？**）果然，李先生摇摇头："噢，保险！整天有人给我和我爱人打电话卖保险，都被我挂了！”王敏觉得李先生在拒绝自己，但不由自主地又冒出一句：“哦，我理解，但是这个产品性价比特别高，要不我先给您一个资料看看？”这句话刚出口，她就又后悔了。（问题 6：什么时候人容易说话不过大脑？）果然，李先生直接回绝了：“不用，保险这东西没什么用。”王敏悻悻然，不知怎么接话。

李先生这时仿佛来了情绪：“你没看吗？周日晚上北京卫视的理财频道上专家说了，买保险首要也不是给孩子买，还专门放了一个案例，说那是保险公司的人为了业绩误导，小王，你们银行也卖保险吗？你们也不专业吗？！”王敏更窘迫了。（问题 7：为什么客户会连续提出反对问题？）

为了转移话题，王敏对李先生说：“您说得对，的确应该是先给大人买，我们的理念也是这样的，您是想首先给自己选保险吗？”（问题 8：王敏提出一个封闭式问题，李先生在这种情况下会做出什么选择？）李先生摇摇头：“不需要，我们单位有补充保险，社保也有，不需要！”王敏彻底崩溃，只好频频请李先生喝水，李先生看到王敏脸色难堪，突然觉得自己的水也喝得很难受。

➲ 案例分析

1. 这种情况在您身上发生过吗？

王敏在销售过程中越来越被动，体现在 3 个方面：

（1）有话术却说不出来；

（2）说话时失去自控力；

（3）沟通中被客户带着走。

2. 为什么会这样？又会产生什么后果？

案例中，从问题 1 到问题 8，王敏的被动程度一步步加大，一个失误导引出另一个失误，逐渐形成负循环。这使王敏一直处在应激反应中，毫无主动性可言。实战中，一旦处于被动状态而未能有效调整，除了销售面临失败，还会大概率产生合规风险：错误承诺、忘掉尽职调查（KYC）等。

3. 怎么解决这些问题？

“与客户沟通”的关键，不是“背诵话术”，而是“掌控销售状态”。

销售状态，指客户经理在和客户沟通时对整体对话感觉的把控，包括：客户经理在对话中是否感到自如，是否能主导对话，是否也令对方感到轻松等。

“销售状态”是顾问式销售的基础。

➲ 概念明晰：什么是“顾问式销售”

1. 如何认知顾问的角色定位？

客户视角：顾问是专业人士，他懂我的需求，知道我不知道的，能帮我解决问题。

内部视角：顾问首先是销售，要有温度（不招人厌烦）；顾问更要是专家，要有高度，能深挖专业领域，包含置产配置理论与产品知识，顾问还要行为可复制（动作标准化，像机器一样严谨精密）。

简言之：销售（Sales）+ 专家（Expert）+ 机器（Machine）= 顾问（Consultant）

鉴于销售和购买是对立统一的关系，客户经理需要首先用温度获得客户认可，进而通过专业高度来为客户提供价值，在客户心中的对立感消除后，客户更容易做出双赢决定。整个过程中需要客户经理有条理、占据主导，但决定是由客户做出的，因此不能简单地以朋友（朋友身份无客户经理的销售压力）等角色来类比顾问。

2. 顾问销售的是什么？需要什么素养？

（1）销售什么？顾问销售的是资产配置理念＋不同类别产品。

（2）需要什么素养？沟通＋专业＋合规＋秩序（详见本书第一章中的“银行一级人员的必备素质”。）

在王敏被李先生冷酷拒绝的案例中，王敏对产品（少儿险）的知识已经掌握，对技能也熟悉（提前接受过销售沟通培训），并经过老师的培训和指点，但这些都没发挥出来，原因在哪里？这主要是因为王敏的“销售状态”处于混乱中。

“销售状态”由客户经理的“**沟通技巧**”（源自培训和训练）和“**日常习惯**”（源自被管理和自我管理）共同决定。

“早上顺了，一切都顺！”你有过这种体会吗？人们会将之归结为“运气”，那什么是“运气”背后的“**可控因素**”呢？是关键接触点的表现！

案例中，王敏和李先生有两个关键接触点：（1）李先生提前到达，王敏感到措手不及；（2）李先生看到排队，感到焦虑，王敏也开始焦虑。王敏在这两个关键接触点中都处于“被动”。

王敏如果调整销售状态，在关键接触点上变被动为主动，就可以有效改善局面，这需要她对自己的“日常习惯”有深刻觉察，并能灵活运用培训中所学的“沟通技巧”。

对“销售状态”深刻理解之后会发生什么呢？让我们看看下面改进版的案例。

客户经理王敏对销售期缴保险感到头疼，这也是团队中其他人感到头疼的问题，因此，银行外请培训师进行了一天培训，之后还进行了30分钟的一对一辅导。培训过程中老师讲解了保险的理念和分类，王敏和同事们很受鼓舞，甚至落了泪。一对一辅导时，在技巧方面，王敏特别咨询了少儿险该怎么销售的问题。辅导老师建议不要从产品开始谈，而是让王敏多询问一下已经购买这个产品的客户，总结他们购买的原因，然后将老客户的故事讲给新客户听，王敏感到茅塞顿开。

在积累了一些这样的真实故事后，王敏准备在客户李先生身上试一下，电话约访中，李先生说周一上午9点半他可以来换一张金卡。之前王敏电话约过李先生几次，都是因为时间紧张李先生过不来，这次好不容易约到了，王敏很高兴，但她并没有急着答应，她看了一下行事历，询问李先生是否可以把时间改到周一下午。（思考1：沟通的主导权来源于习惯还是技巧？）

王敏解释说，周一早上客户通常很多，银行的内部事务也多，下午来，可以避开高峰，提高效率，1点半到2点半之间通常是最好的时间。李先生夸王敏考虑周到，思考了一下自己的安排后，就和王敏约好1点半见。

通过客户档案，王敏知道李先生有一个两岁的儿子，她决定借这个机会尝试一下少儿险的销售，就提前准备了相关资料。

因为临近年底，王敏和同事们周日也没能休息，外拓到郊县一个企业做理财沙龙，晚上9点才回到家，王敏迅速洗了个澡，精神了很多，吃了点水果后，她本想再看会儿短视频放松一下，但一想到明天周一，还有大早会，就改成了听相声入睡。周一早上6点半，王敏被闹钟准时叫醒，洗漱之后，吃过热乎乎的早饭，就出了门。和往常一样，周一是最忙的，但是王敏精力充沛，应付自如，她拿出自己的本子，在之前预约的事上做了个标记，开始一一确认。（思考2：王敏具有哪些良好的工作习惯？）

午饭后，王敏靠在椅子上休息了20分钟，1点10分，给李先生提前拿了一个号，并特意检查了儿童险的产品单页、宣传材料。李先生1点20分就来了，前面还有两个人在排队，王敏感谢李先生的准时，请他坐下喝点水，两个人边喝水边聊聊天。

闲谈间，王敏说："李先生，我有个事想请教您。"

"你说！"

"我能直率地问问您吗？最近好多朋友和客户理财到期后，把收益给孩子买了保险，您怎么看这事儿？"（**思考3：这是什么样的切入方式？**）

"挺好啊，王敏，你不是想让我也买保险吧？哈哈。"李先生很敏感。

王敏也笑了："李先生，您马上就是我们金卡客户了，客户现在对理财都有自己的思路，特别是资产量高的客户，我是真的很想知道您对这种安排怎么看，当然如果您想买保险，我这可以！"她没有遮遮掩掩。（**思考4：处理异议中最重要的是什么？**）

"我觉得给孩子买保险没用！要买就应该给大人买！"

"您的意思是说，要给大人先买，大人是孩子的保障，对吗？"

"对！就是这个意思，前不久我看了北京卫视理财频道的一个节目，上面专家说了，好多父母都是一时冲动给孩子买了保险，但是自己啥都没有，结果出事儿了，孩子的保险也交不起了。"李先生说得很认真。

"李先生，您的认识很透彻，买保险是有讲究的，的确应该大人先、小孩后，这也是银行的观点！那您和您爱人都买了什么保险呢？"（**思考5：这里用到了哪种KYC的技巧？**）

"我们还没买！"

"为什么啊？"

"不敢信！现在整天有人打电话，但是谁敢相信呢？好多人做保险没几天就跑了，到时候我找谁去？我们亲戚里面也有做保险的，现在我都不敢见他。"李先生摆摆手，端起水喝了一口。

"是啊！您考虑得很深入，现在的确是存在这样的情况，保险代理人作为个体，一旦不做了，客户就成了孤儿单。所以，听起来，您不是排斥保险，而是没找到在哪买是吗？”

“嗯，差不多。”

这时候，叫号了，李先生的号到了。

“李先生，到您了，您先去柜台，对了，你对不额外花钱买保险怎么看？”

“什么？不花钱买保险？”

“是啊！等会儿如果有时间我给您讲讲。”王敏留了个悬念，实际上这就是她刚才提到的很多贵宾客户理财到期后，用收益买重疾保障的事，她觉得这适合李先生，恰好把资产配置做了一个闭环，这正是银行的独到之处。（**思考6：王敏对李先生推荐保险的力量来自哪里？**）

“好！那等会儿聊！”李先生对此很感兴趣。

➲ 案例总结

在新的案例里，王敏和李先生的交流始终处于正循环中，双方都没有焦虑情绪，李先生虽然对保险有自己的顾虑，但做到了直言不讳。

为什么能良性沟通？因为王敏的销售状态非常好！

她是怎么做到的呢？

首先，规律的作息和饮食保证了王敏精力充沛，避免了因身体状态不佳可能产生的失控；其次，在与李先生的接触中，王敏在电话约访和面谈交流时均展现出训练有素的沟通技巧：见面的时间，没有轻易跟随李先生，而是商量改到下午，把决定权交给客户，主动权却在自己手里；谈话中，王敏用开放式问题让李先生充分表达自己的看法；最重要的是，无论事实上还是感受上，自始至终李先生都能体会到王敏是在“为我”考虑。这样，关键节点感受是正向的，正循环就开始了，有经验的客户经理都知道，好运气就是这样产生的。

运气，源自客户经理对“销售状态”的深刻认知和主动塑造。在案例中，我设置了6个思考题，读者朋友们可以带着问题去深度解剖这个案例，得出自己的结论。（建议读者运用本书开展“深度读书会”，本书第一版曾在多家银行和券商内部作为深度读书会的教材使用，取得了良好效果）

如何在见客前有步骤地创造良好的“销售状态”呢？下一节“销售前的准备”，将会介绍具体操作方法。

在本章案例中，银行为了帮助以王敏为代表的客户经理，采购了大量针对性课程或项目，但是，培训完毕，回到实战中，王敏依然用不起来培训中学到的内容，这是不是培训无效呢？

“销售状态”来自习惯，缺少与培训内容衔接的训练，是导致培训无效的最主要原因。

如何把培训转化为业绩？请阅读本书第八章中“以结果为导向的业务培训”。

销售前的准备

销售前的准备内容以及做准备的习惯是“销售状态”的起点，其核心由三个点构成，组成了一个坚固的三角形，如图3-1所示。

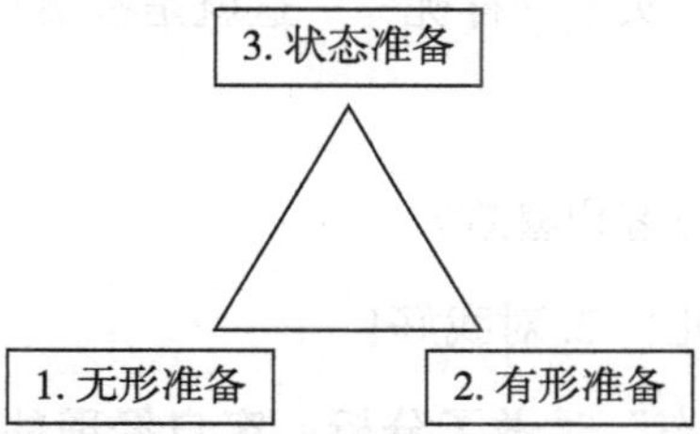

图3-1　销售前准备的三个要点

➲第一种　无形准备：习惯 + 价值观

【案例：保险业和银行业的共性】

我认识某银行的一个支行的行长，他是从国外银行回归的年轻管理者，他对客户经理的要求是：早上起床后一定要洗澡，上班路上，要收听财经信息，到单位后，早会上，客户经理要轮流作为投资顾问，在团队内进行热点财经分享。

思考 1：支行长为什么要提出这些要求？

2006—2007 年，我在保险公司督导销售团队业绩。早会是销售团队激励士气的重要时间，我当时的工作内容之一是分析人员在早会中的状态。团队成员按年龄、性别可分为：中年女性、中年男性、年轻女性、年轻男性。保险公司很注重早会出勤率，根据考勤记录与现场表现，我惊奇地发现，出勤率最高、专注性最强的是中年女性代理人。

思考 2：为什么中年女性的早会参与度最高？

现在很多客户经理最头疼的问题是：新客户开发不出来，老客户还会流失，怎么能增加客户黏性？

客户在购买产品（特别是重复购买）后也会感慨："我其实就是认可这个人才买的产品，在谁那儿买不一样呢？"这就是答案！从增加客户黏性角度来看，人比产品重要！

什么样的销售人员讨客户喜欢？

两个特征：1. 有劲儿！ 2. 对我好！

我们在讲"销售状态"时做了分析：**客户经理的状态受精力影响，精力由身体状态决定，身体状况的背后是作息习惯。**"状态—精力—身体—作息"

这个链条是否运转良性，就取决于管理者对团队的“管理”和员工的“自我管理”。

银行中，刚毕业的新客户经理越来越多，他们面临从学校到社会的环境适应，优秀的管理者会不只关注新客户经理的业绩产出，还注重过程，不光管理新客户经理的工作，更会指导他们的生活。从源头建立团队统一的工作语言，管理好每个人的精力，才可以真正提高人员业绩，上文中提到的那个某银行的支行长就是这种思维的代表。

随着年龄增长、阅历增加，人的心态也会越来越稳定，保险业中为什么中年女性这个群体早会参与度会更高呢？我注意到，这个年龄段的女性多数要照顾孩子，每日必须早睡早起做早饭，由于作息规律、饮食正常，精力反而比年轻人更充沛。

【案例：没有底气的客户经理】

一个学员课后向我咨询，说自己有一个资产量达到白金级别的客户，但是不敢和对方见面，因为不知道该如何与对方交流。

他说：“客户很精明，总是直接去基金公司购买基金或者直接购买信托，要是他能从我这儿买就好了，他能至少得到一张5000元的卡，他也不亏，还能算我的业绩。”

我问：“你能给客户带来什么不一样的地方吗？比如你的方案是否可以让他赚得多一点，或者更省心。”

学员又喃喃地说了很多，总结起来都是一个内容：“我很想让他在我们这儿做，但我就是不知道怎么和他说，我担心、我恐惧。”

这样的案例不鲜见，表面是客户经理面对客户时**“不会说”（缺技巧）、“没理由”（缺内容），但实质是“没底气”**。

底气来自哪儿？来自基于正确逻辑的“价值观”！

在我从事业务工作的新人期，曾被要求养成一个习惯——见客之前，先列一列“疑问与价值清单”，见表 3-1。

表 3-1 疑问与价值清单

疑问与价值清单		
他（客户）的问题是什么？	为什么？	怎么解决？
1.		
2.		
3.		
我（客户经理）的价值是什么？	为什么？	怎么说？
1.		
2.		
3.		

把客户最关心的 3 个问题和自己最核心的 3 个价值梳理清楚后，你的心理定位就明确了，劲儿就来了！

销售价值观，简单理解就是客户经理的工作动机是什么，分为哪几层，彼此之间怎么关联。

例如，我工作是为了挣钱，还是为了帮客户？是为了活着，还是为了全人类？每一种都合理，但产生的动力迥然不同。

在如今快速多变的环境里，对源动力的追寻，是所有问题的最底层。

【案例：君子坦荡荡，小人长戚戚】

我卖保险时，在巨大的考核压力和内部氛围鼓舞（保险业的特点）下，每一天，都要带着强烈的渴望出发，去接触客户。但是，被客户冷漠对待的情况屡屡发生，起初我判断是自己技巧不够，就认真学习话术、积极请教前辈。但情况没有大的改观，并且很长一段时间内，虽然能完成任务，得到佣金，我却并不快乐，因为与客户交流时，常常感觉隔着一层：我通常是先进行一番专业讲解，客户听后频频点头，按理说客户有需求就该买了，但是就是感觉他有防备，我只好继续穿着西装表演我的专业水平，客户继续微笑认同……无法捅破那层窗户纸。我尝试去阅读销售心理学书籍，但是越琢磨客户，越想不明白，反而令自己烦恼。直至有一次，我实在无法忍受这种纠结，就向客户摊牌："你真的需要，我就帮你，你不需要，我就换一个人聊，能做就做，不做咱们也不拖！"事情反而有了转机。

于是我之后一方面多见人，另一方面开始尝试对客户提出明确要求，大大方方促单。但这需要很大的动力，所以每次见客前，我就根据主管的建议重新拿起"疑问与价值清单"这个工具，先自己想一想、写一写，这么一做，愈发觉得自己过去是"小人长戚戚"，于是决定"君子坦荡荡"。劲头一上来，单子越签越顺。最开始我认为是运气，数年后才明白，是因为自己的价值观单纯了，底气上来了，行为也就跟着改变了（虽然当时技能还不足）。后来我听客户这样说："你不那么装了，我也就没那么紧张了。"

通过上述三个案例，我们可以看到客户都喜欢"有劲儿"的客户经理，好的个人状态来自无形准备：第一，良好的生活习惯，保证你在工作时精力充沛；第二，健康正面的工作价值观，让你真实并充满底气，"我就是对他好”。

➲ 第二种　有形准备：两份清单、一个档案

1. 形象自检清单（见表 3–2）。

表 3-2　形象自检清单

形象自检清单			
项目	要点	解释	自检
个人卫生	头发	头屑是否存在	
	耳朵	耳朵内是否清洁	
	鼻子	鼻毛是否修剪	
	口气	口气如不清新可准备漱口水	
	牙齿	牙齿间是否有食物残渣	
	指甲	是否修剪，以及是否干净	
	胡子	是否刮干净	
服饰穿着	衣服	风格、色彩、款式、材质等是否符合 TPO 原则	
	配饰	男士：鞋子、袜子、领带、皮带、饰品（袖扣、领带夹等）等是否符合 TPO 原则	
		女士：鞋子、袜子、耳环等是否符合 TPO 原则	
	妆容	发型、化妆等是否符合 TPO 原则	

其中，TPO 原则是服饰礼仪的基本原则之一，即人们在着装时，要考虑 Time（时间）、Place（地点）、Occasion（场合），力求和谐搭配。

2. 销售工具清单（见表 3–3）。

表 3-3　销售工具清单

销售工具清单			
产品资料 （单页、购买流程、需客户提供的资料）		镜子	
笔（专用水笔或品牌钢笔）		梳子	

（续表）

销售工具清单			
记录本（记录沟通要点与日程安排）		纸巾	
计算器		牙签	
名片（放在名片夹内）		漱口水	

销售工具清单中的内容可以增加。例如，有的客户经理自己从来不抽烟，但出门时包里总会带着一包烟和一个打火机。

3. 客户档案：分为“基础档案”（见表 3-4）和“活档案”。

表 3-4　客户“基础档案”

姓名（称呼）		职业		兴趣爱好	
性别		资产量		忌讳	
年龄		家庭成员		星座	
教育背景		性格特征		血型	

客户“基础档案”有几项需要说明。

姓名（称呼）：要注意，客户最愿意接受的称呼是什么。

教育背景：了解客户的第一学历和第二学历，以及入学和毕业时间，有助于通过成长期的环境了解客户价值观。

职业：了解客户职业，便于将客户归类，形成画像。

资产量：这是进行资产配置和产品规划的基础。

家庭成员：用于全面分析客户需求，在适当时机也可以成为沟通桥梁。

性格特征：极为关键的部分，可对客户性格标记关键词，例如“精明”“直接”“善良”等。

兴趣：可通过与客户的日常交流和朋友圈观察了解，这对于加强客户关系极为重要。

客户“活档案”就是与客户的接触记录，所谓“活”，指每一次你和客户接触的时间、内容和感受，即在那些关键时刻（MOT，the moment of truth）你的鲜活想法。

➲ 第三种　状态准备：情景预演

你的个人状态很好，工具也准备齐全，是不是就可以确保销售面谈能顺利进行了呢？

【案例：王敏的负循环】

王敏和客户刘总约好，第二天去其办公室拜访，谈一谈公司开一般户的问题。从完成本年度业绩角度看，刘总是王敏最重要的客户之一。为保证个人状态，前一天她早早休息，第二天，出发前她在镜子前，按照形象清单仔细进行了自检，把销售工具和客户资料也都带齐了。

王敏提前10分钟到达刘总公司，秘书请她先在刘总办公室等一下。办公室很宽敞，王敏等待时，突然感到有点心慌。10分钟后，刘总来了，也许是因为刚从会议上下来，表情很严肃，王敏见到刘总，有点心虚，一时不知如何开口，预先准备好的语句和问题，都瞬间忘了。她努力保持镇静，交谈过程中，刘总突然说：“你们银行品牌没有招行好，规模没有工行大，费率好像又赶不上民生，那你说我为什么要在你这开户呢？”王敏脱口而出：“我们服务好！”刘总说：“别人也不差啊？”王敏不知如何应对，找了一些说辞，但自己也感觉不太有说服力，这样对答几次后她有点泄气。当王敏走出刘总的办公室时，她感觉，这次交谈没有达到自己的预期，因为刘总没有明确表态，也没有约定好下一步做什么。

案例分析

王敏通过“无形准备”和“有形准备”，让自己处在一个良好起点，但是进入面谈过程后，面对突发情况，她由于缺乏思想准备，很快陷入了负循环。

客户经理在以下两点上如果能做到有所准备，将有效保持自己的销售状态。

1. 客户经理在见客户（特别是重要客户）的初始阶段，容易突然产生紧张和不安定感，如何快速平静下来？心理学上有一个观点：“关注点在哪里，能量就流向那里”。王敏此刻只要回顾“疑问与价值清单”，将注意力聚焦到刘总的痛点和自己的价值上，就可以立刻消除紧张感，并以此开启话题。

2. 面谈开始后，客户随时可能提出一些客户经理意料之外的问题，如何避免应对不当，陷入混乱？“情景预演”作为第三种销售前的准备，可以有效帮助客户经理走出上述困境。

【案例：王敏的正循环】

王敏和客户刘总约好，第二天去其办公室谈一谈公司开一般户的问题。一旦刘总单位开了一般户并进款，王敏本年度的业绩也就提前完成了。所以，前一天晚上王敏特意早点休息，当天出发前也做了相应准备：王敏先给自己打了打气，仔细按照形象清单进行了自检，销售工具和客户资料也都带齐了，她信心满满。

早会上，王敏做了今日事项汇报，她的上级领导梁行长得知她要去拜访刘总后，对这个工作很重视，要求早会结束后和她一起再做一次客户分析。早会后，梁行长听王敏简述了刘总情况后，亲自和她进行了两次情景演练：第一次演练，梁行长扮演刘总，王敏做客户经理；第二次请王敏扮演刘总，而梁行长反串客户经理。出乎意料的是，本来王敏以为自己准备好了，经过模拟，还是暴露出很多新问题，例如，扮演客户时梁行长委婉地提醒她，坐在椅子上时不要晃腿。这让王敏很脸红，她没有注意到，自己的确习惯一放松下来，就不自觉地晃腿；另一个收获是：虽然王敏一直告诫自己要换位思考，但是在扮演刘总开口说话时，一下子冒出很多之前没有的想法……

王敏提前10分钟来到刘总公司。办公室很宽敞，王敏等待时心理有点慌，但是一回想之前和梁行长演练的每一个细节，心情就恢复了平静。她又看了一下“疑问与价值清单”，更坚定了此行的目的：自己就是来很真诚地和刘总商谈一般户的问题，他如果同意开户，则很好；如果他这次不想开也无所谓，我只需了解清楚原因……几分钟后，刘总开会回来了，看起来很严肃，王敏虽然有点紧张，但是一聊起来，就迅速放松了，因为刘总问的问题中，大部分她已经演练过了。刘总突然发问：“你们银行品牌没有招行好，规模没有工行大，费率好像又赶不上民生，那你说我为什么要在你这开户呢？”王敏笑了，脱口而出：“您是我的个人客户，您应该最清楚答案了，因为我好啊！我不好，您今天这么忙，也不会让我来，是吗？”刘总哈哈笑了起来。40分钟后，王敏愉快地离开了刘总办公室，刘总明确表态本周五会备好资料，尽快走流程，顺带还送了她一个公司的纪念品。

➲ 案例分析

较之失败案例，这次王敏拜访前多做了一项准备，即上级领导梁行长和她的预先演练。正是这个预演，使前面的“有形准备”和“无形准备”真正融合在一起，促进了见面时的正循环。

“情景预演”能够解决两个问题。

1. **消除盲区**。通过别人的眼睛才能更清楚地看到自己的不足。预演时，客户角色会帮助客户经理消除个人盲区，做到预先提醒，避免低级错误发生；面谈前，当客户经理逐一回忆这些基本问题时，紧张感就会消失，例如想："我已经做了细心准备，尽人事听天命，我是想帮他解决问题，问心无愧。"这将激发客户经理的自信。

2. **知己知彼**。交流中，一旦出现预演中曾经出现过的客户提问，就好像高考时猜中了题，客户经理的信心会油然而生，并给自己强烈的正面暗示。当然，此时更要注意觉察，避免言多必失。

见客前的"情景预演"极为重要，它不该只是客户经理的个人行为，更应该是由管理者发起的习惯，这就是团队业务语言中的一种。

"情景预演"的基本模式如下。

时长：20 ~ 30 分钟，可根据具体情况调整。

方式：客户经理与团队主管（或伙伴）互动。

内容：第一次，客户经理 VS 客户（主管扮演）；

第二次，客户经理（主管扮演）VS 客户（客户经理扮演）；

演练后进行交流总结。

做好了"无形准备""有形准备"和"情景预演"，客户经理状态拉满，接下来就将进入"顾问式销售"环节，在销售复杂产品的面谈中，王敏又将遇到哪些新挑战呢？在下一节内容中将进入一个完整的销售流程。

阅读链接：乔哈里窗

美国心理学家乔瑟夫（Joseph）和哈里（Harry）在 20 世纪 50 年代提出了"视窗理论"，将人际沟通的信息比作一个窗子，分为 4 个区域，如图 3-2 所示，分别为：开放区、隐秘区、盲目区、未知区。人的有效沟通就是这四个区域的有机融合。

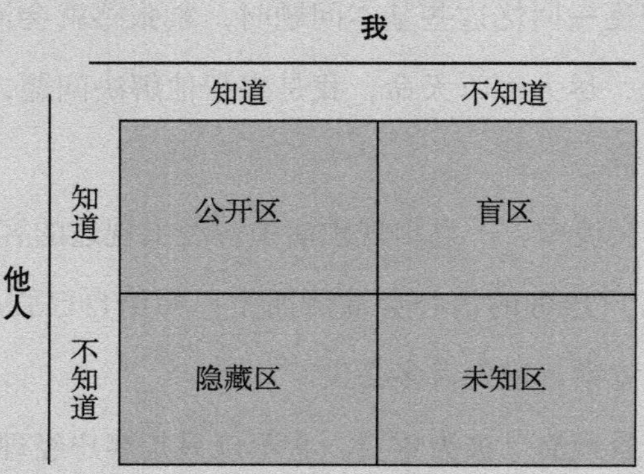

图 3-2 乔哈里窗

每个人都有自己的“盲区”，自己不知道，别人却看得到。当你的盲区被对方看到之后，由于不熟悉，就容易产生误解。情景预演背后的原理，就是通过他人的视角突破自己的盲区。

销售实践中，对于建立“第一印象”有一个 60 分到 100 分的原则：60 分是不让对方不满意，即不讨厌我；100 分是对方很满意，很喜欢我。

虽然每个客户经理都向往 100 分，但实战中最重要的是：如何避免 60 分都达不成。

这就需要客户经理采用情景预演，突破盲区！

【花絮：当我从客户经理转型为培训师之后】

从做销售转为做培训后，我深刻体会到，这两种工作是彼此相通的。

每一次课程中，培训师就是销售人员，学员是客户。因此，培训开始前，我会做如下准备。

1. 在前往授课城市的路途上，我要先写一个课程预演文档，预演各种可能发生的情况；

2. 到达后，提前一天看场地，调试设备；

3. 讲课前，晚上 11 点前睡觉，当天早上 6 点半起床；

4. 起床后，做运动、洗澡，吃好早饭；

5. 早饭后回到房间刷牙，再休息半小时；

6. 喷点香水，穿上熨好的衬衫，搭配合适的领带；

7. 提前半小时到达现场，布置设备并和先来的学员打招呼。

在我的行为中，我是如何尝试去获得 60 分的呢?

1. 视觉，60 分的标准是衣着不可以不合时宜、邋遢，所以需要提前熨衣、搭配；

2. 听觉，60 分的标准是不能语气听起来无力，必须有充足的睡眠和营养的早餐；

3. 嗅觉，60 分的标准是不能有异味，洗澡后可以略喷一点香水；

4. 感觉，60 分的标准是不可以让学员感觉太冷漠、不亲切，因此一定要提前 30 分钟到现场和学员聊上几句。

最重要的是，上课前看到学员，我会问问自己：“准备好了吗？能对得住他们吗？”答案必须是：“是！”既然我付出真心，一切都按部就班，还需要担心和紧张什么呢？不需要！

销售流程——引起兴趣

客户经理和客户初见面时，只有两种可能：正循环或者负循环。

【案例：苏先生来换卡】

苏先生是系统内的一位休眠客户，经过电话约访后，他和王敏约定在星期三上午 10 点 20 分到银行来更换新卡。

星期三早上，10 点 15 分，王敏的手机响了，苏先生准时到了银行。王敏出去一看，一个穿运动服的男士正站在大堂里，看样子 30 多岁，很白净、文质彬彬，正四处打量，斜挎着一个包，上面印着四个字“四季健身”。“请问，是苏先生吗？”王敏轻快地问。（诊断：王敏在建立第一印象这个环节做了哪些努力，她还可以多做些什么吗？）“啊，你好，是我！”“苏先生，您好，我就是王敏，总算和您见面了！您跟我来这边吧！这是准备去锻炼吗？”“啊！哈哈，是的，去跑跑步！”说话间，王敏带苏先生到了工位。

“苏先生，您身份证带了吗？”

“带了！”

“好的，那么您先坐坐，我已经帮您排了个贵宾号，还有几个人就到了。您喝点什么，水还是茶水？”

“都可以！”

（诊断：你认为这个环节王敏可以做哪些改进？）

“苏先生，正好趁这个时间，我给您介绍一个马上发行的理财产品吧！一放出来就没！您来得正是时候！”（诊断：王敏态度热情，开始切入正题，你认为这种方式好吗？为什么？）

“谢谢！我都是在浦发银行买！不用了！”苏先生很客气。

“啊……我们的收益比浦发银行不差呢，这款产品表现特别好，上一期收益达到了年化……”（诊断：王敏对这款产品很有信心，为什么？如果遇到产品不如其他行的情况，你会怎么办？）

"谢谢，我真的已经没钱了！"（诊断：苏先生为什么还没了解产品就开始拒绝？）

王敏兴冲冲的劲头，被泼了一瓢冷水，心情指数下降很多，说不下去了。苏先生察觉到王敏神色的变化，也有点尴尬，双方无语，都盼着赶紧被叫号。（诊断：王敏和客户的沟通进入负循环，请从整体上分析为什么会出现这种情况？）

案例分析

1. 请仔细阅读上述对话，在文中找出以下问题的答案。

（1）王敏在建立第一印象这个环节做了哪些努力？请列举细节。

（2）王敏是如何切入正题的，你认为这种方式好吗？

（3）王敏对这款产品的信心来自哪里？如果遇到产品不如其他行的情况，你会怎么办？

（4）苏先生为什么还没了解产品就开始拒绝？

2. 客户经理要刻意培养销售复盘和诊断的能力，学会分析自己和客户的表现，发现问题、找到答案。一旦具备了这种能力，未来无论走培训的专业岗位还是做销售团队的管理者，都将大为获益。

可根据以下四个问题培养销售诊断思维。

问题 1：我在哪儿？

我在哪儿？客户经理首先要认知自己所处的销售情境。

案例中王敏和苏先生是第一次见面，在销售流程中，属于"电话邀约"环节之后的"初次面谈"，对话又是发生在"初次面谈"中的初见面的时刻。这个阶段的目标是“引起兴趣”，引起客户对客户经理这个人的兴趣。

问题2：我想要什么？

如果我是王敏，我的内心是希望客户签单的，但是我要克制，因为购买过程是有规律的。

我需要首先让苏先生对我产生好感、接受我，这样他才会愿意多留一些时间听听我要介绍的东西。我一定要避免被他当作推销员。

问题3：客户不想要什么？

如果我是苏先生，我这次只是来换卡的，之前也不认识王敏，如果她上来就推荐产品，我会立刻就走，因为我最不能接受被强迫、被推销；并且，我以后也不敢轻易再来，哪怕她告诉我有好多礼品要送给我，我也认为那都是陷阱！

问题4：怎么做？

1. **销售自己**：我首先要避免招苏先生讨厌，进而让他对我产生好感。

2. **了解客户（KYC）**：通过聊天进行相对宽泛的KYC，了解苏先生的一些基本情况，完善客户档案。

3. **销售铺垫**：根据苏先生的现状，对他做一个客户画像判断，之后尝试推荐某些产品，初步探询一下客户意向。

为了避免忘记这三个目标，可以把这些提前写在工作本上。

下面再看看改进后，专业的客户经理王敏是怎么做的。

星期三早上，晨会结束后，王敏打开记事本，行事历上面写着苏先生今天要来，约定的是10点20分左右，王敏调出苏先生的“基础档案”，对他的情况心里有了数。她打开“活档案”，上面写着“比较斯文，声音好听”。一抬头，她看到贴在座位隔板上的“形象清单”“销售工具清单”“疑问与价值清单”，认真地想了想。

10 点 15 分，王敏的手机响了，苏先生竟然提前到了银行。王敏忙出去，抬头一看，一个白净的男士正站在入口处，看样子 30 来岁，正四处打量，斜挎着一个包，上面印着“四季健身”四个字，看起来真的是文质彬彬的，但穿着的是运动服。王敏想到刚才自己的猜测忍不住笑了。

“您好，请问您是苏先生吗？”王敏轻快地问。

“啊，你好，是我！”苏先生转身看到王敏在向他笑，也微笑起来。

“苏先生，您好，我就是王敏，总算和您见到面了！您声音真好听！而且您时间观念好强啊！”王敏笑盈盈地赞许着，她都好奇自己今天为啥这么嘴甜。

“啊，谢谢，你客气了！”苏先生有点不好意思，但看得出内心很愉快。

“苏先生，您这是去锻炼吗？”王敏看着他的包问。

“啊！哈哈，是的，去跑跑步！”

“好的，那咱们快点办，您跟我来吧！”说话间，王敏带苏先生到了工位。

“苏先生，您身份证带了吗？”

“带了！”

“好的，那么您先坐坐好吗，我去帮您排个号，没想到您这么早来。我没敢太早排，怕排过了，我正准备去给您排号，您就来了。我给您倒杯水，您稍等！”

“谢谢！”

王敏取号回来后说：“两个号，一个普通号，一个贵宾号，哪个快咱们去哪个，前面人不多，5 分钟，您等下还有急事吗？”

“没问题，今天我休假。”

“苏先生，您是四季健身的会员？”

“是的！你怎么知道？”

“噢，您包上写着呐！那可是一个很好的健身俱乐部啊，您一般主要练什么项目啊？”

“噢，哈哈，是的，我主要是跑 3000 米！”

“3000 米，那么长啊，听说跑步对身体好处可多了，您经常跑吗？”

“是啊，我平时脑力劳动，所以，要抽时间出出汗！”

“嗯，是啊，身体最重要了！苏先生您说用脑多？您是做什么行业啊？”

“啊，我是做咨询的，我在 IEM。”

“苏先生，您喝水，我也有朋友在那边工作的，我听说在那边做咨询很辛苦，需要经常出差，是真的吗？”

“没错！要经常出差……”

“不过苏先生，您这么重视锻炼，身体一定很棒！”

“你过奖了，你们平时也经常运动吧？”

“谢谢您，苏先生，有的！而且不单我们自己会抽空锻炼，我们还有一些产品是和健身相关的呢！”

“啊？你们不是银行吗？”苏先生好奇地看着王敏。

“哈哈，是啊，我们解决两个问题：一个是有什么办法可以保持健康，还有一个就是万一真的不健康了该怎么办。”

“你说说看！”苏先生感到很好奇。

“有什么办法让身体健康？一个是帮助客户健身，就像您正在做的，身体棒；还有一个就是让客户心情愉快。这两个在我们银行都可以！”

“啊？你们怎么做？”

“健身，我们不开办健身馆，但是我们和健身房有合作啊，比如说您的健身房，年卡5000元对吗？但我们这边有优惠能4000元办下来，这省下来的1000元，可以请几个小时的私教了，私教指导，锻炼的效果肯定不一样，您说对吗？心情愉快，我们这边对部分会员有主题沙龙，沙龙定期举行，里面就有养生的内容，请的都是知名专家，而且这是一个高质量的圈子，大家都喜欢参加，聊聊天也开心。”

“噢，这样的啊！真挺好的，那还有一个呢，不健康怎么办？”

“啊！不健康啊，哈哈，说出来不知道您会不会害怕。”

“什么？害怕？”

“就是保险！最近从上到下，我们都在集体买健康险呢！我自己也买了。好多人一听保险就头大，苏先生，您不怕听保险吗？”

“哦！保险啊，不可怕啊，我也早就买过了！”

“是吗？您很早就买了啊，那您是个靠谱的人！”

“靠谱？”苏先生狐疑，他觉得面前这个银行职员和过去见得不太一样，思维跳跃，充满活力。

王敏正想解释时，叫号到了，苏先生只好起身说：“那，等下我们再聊行吗？”

“好的，您先去办，等下再来我这儿！”

接下来这个面谈，会发生什么呢，你可以预测吗？你认为王敏会向苏先生推荐什么呢？理财？贵宾卡？保险？还是其他产品呢？

请仔细阅读上文新的情境对话，找出下面问题的答案。

1. 在苏先生到达前，王敏是如何调整自己的销售状态的？

2. 建立良好的“第一印象”，需要有效打破客户的“三感”，王敏是如何做到的？

“三感”是指：

初次相见，客户内心会存在“陌生感”；

互不熟悉，沟通时难免出现“距离感”；

推荐产品，客户就会本能产生“抵触感”。

3. “正循环”是沟通顺畅的前提，王敏采用了哪些做法和苏先生有效建立起了“正循环”？

4. 王敏的目标是什么？她达到预期目标了吗？为什么？

和客户初次见面时的沟通反应，需要通过角色演练和通关来打造。

表 3-5 可供客户经理练习或实践时自检。

表 3-5　引发兴趣清单

顾问：__________　客户：__________　观察者：__________　日期：__________

整体评分：□ 4. 优秀　□ 3. 良好　□ 2. 一般　□ 1. 差

引发兴趣					
检查项目	1 差	2 一般	3 良好	4 优秀	说明
1. 个人状态准备					
2. 客户状态检查					
3. 建立第一印象——消除陌生感					
4. 建立第一印象——消除距离感					
5. 建立第一印象——消除抵触感					
6. 创建正循环					
7. 预定目标达成					

（续表）

引发兴趣	
细节记录	
优点	
待加强之处	
改善建议	What When How

【阅读链接：第一印象】

银行销售经历过“产品推荐”“服务营销”“客户体验”三个发展阶段。

什么是客户体验？

“客户体验是组织与客户之间的互动。它融合了客户与组织每一个接触瞬间的知觉、直观感受和情感交流。”

每一个客户接触点，都是客户体验需要重视的关键点。

客户接触的起点是“第一印象”，它的形成需要7秒。

在这7秒内，客户和客户经理的“眼睛”“耳朵”“大脑”等器官将发挥不同作用。

20世纪60年代后期，艾伯特·梅拉比安（Albert Mehrabian）博士通过研究得出一个结论：

“人们喜欢或厌恶一个人，其中有55%的印象来自视觉，如肢体语言，另外有38%源自音调，而剩下的7%则来自说话内容。”

这就是“梅拉比安模型”，也被简称为“55-38-7原理”。

所以，为了使沟通更有效，客户经理必须了解身体语言、语调和内容各自的影响力，并使其搭配合适！

艾伯特博士的研究揭示了人与人接触时的规律，这些规律就是银行里多种服务规定背后的原理。

1. 为什么银行晨会期间要进行形象自检？是为了给客户良好的“视觉”体验。

2. 为什么销售电话指南里要求声音要有感染力？是为了给客户创造“听觉”体验。

视觉、听觉都很直观，那什么是“感觉”？

例如，当你下班时在电梯门口碰到领导，电梯门开了，里面空无一人，这时候，你该怎么做呢？

做法1，你先进去摁住开门键，然后请领导进来；

做法2，你在外面摁住开门键，请领导先进。

第一种做法更符合礼仪标准，因为你先进入空旷的电梯里，会让领导感觉到安全。

所有的礼仪都是基于人的心理习惯产生的，但也不必僵化，在刚才的情景中，如果你不懂这个礼仪，让领导先进电梯了，相信领导看着你真切的眼神，听到你诚恳的言语，也不会理解为“这小子让我先进，就是想让我掉下去！”

思考题

本书在第二章中给出了电话话术的范本和写法，在学习了梅拉比安模型之后，你认为对于客户来说，话术和语气语调哪个让他们触动更深呢？

销售流程——探寻需求

客户经理怎样才可以在轻松愉快的聊天中，探寻客户的需求，为讲解产品做好铺垫呢？

【案例：向苏先生推荐产品】

苏先生很快办完卡，来到王敏的座位："我办完了，王敏，刚才咱们聊到哪儿了？"

"苏先生，您坐，我给您换个新杯子，今天速度真快！刚才咱们聊到健身，然后您说自己买过保险，我猜您是个靠谱的人。"

"是啊，这和靠谱有什么关系呢？"

"哈哈，因为每一种产品都有自己独一无二的价值观，保险是因责任产生的，主动买这种产品的人都是有家庭责任感的！"

"噢？哈哈，谢谢！我可没那么伟大，我那份保险，是十年以前为了帮亲戚的忙买的，其实我也不太懂。"

"您买的哪个公司的险啊？"

"太平洋的。"

"噢，太平洋是个大公司。保的什么呢？"

"说是到一定的年龄时会返一笔钱，还有分红。"

“嗯，听起来是分红型养老险，那还保其他吗？”

“好像其他没有了。”

“一年交多少钱？”

“今年是第10年，一年一万多元。”

“嗯，明白了，有您的支持，您亲戚现在一定升职了吧？”王敏笑着问。

“哪儿啊，她就干了几个月，就做不下去了，听说保险挺难做的。”

“那现在谁管您的单子呢？”

“有个人后来联系我，想让我再买，但是因为我没买，也就没什么联系了。”

“噢，那她给您仔细讲过这个保单的利益吗？”

“我亲戚开始的时候讲过，就是刚才我说的，挺简单的，相当于存一笔钱。”

“嗯，听起来是的，这是一种规划类的保险，就是类似于长期存钱，但是您的健康保障好像还没有。”

“哦，这个是没有保。”

“是的，我们正好最近上架了一款很好的重大疾病保险，应该蛮适合您，性价比很高！”

苏先生摇摇头说：“谢谢你了王敏，我单位有补充医疗保险，好像保的还不少，能达到几百万呢。我就是因为单位有，所以当时就没有再买。”

“苏先生，我说的这个险和您单位的一点都不冲突，是新出的一个产品，保障终身，100种重大疾病，三次赔付，比市面上别的产品保得更全，费率更低！我自己也买了！”

王敏没有气馁，并且她想到了上课时老师讲的要告诉客户自己也买了，产生影响力，消除客户的顾虑。

“哦，是吗？谢谢你，王敏！保险这东西感觉挺复杂，但是无论什么样的保险，只要真生病了好多事也是保险管不了的，你看我整天锻炼身体，我一年感冒都不会有一次！”。

“苏先生，咱谁也不想得重大疾病，但是现在人们压力太大了，睡不稳、吃不好，而且，你看新闻了吗？有不少运动员还得癌症呢。重大疾病一旦发生，那可就是倾家荡产的事……”

“嗯，别说这些了，太惨了，这样吧，我先去锻炼了，下回咱们有时间再聊！”说罢，苏先生起身要走。

王敏只好送客，她觉得很突然：“怎么开始好好的，一提保险就又……”

➲ 案例分析

1. 请仔细阅读上述对话，在文中找出以下问题的答案。

（1）为什么前期苏先生很配合王敏的提问？

（2）苏先生从配合到拒绝的转折点发生在哪里？

（3）促使苏先生离开的直接原因是什么？

（4）王敏讲解产品的力量来自哪里，但同时她又犯了什么样的错误？

2. 继续培养销售诊断的思维模式需要考虑的问题。

问题 1：我在哪儿？

问题 2：我想要什么？

问题 3：客户不想要什么？

问题 4：怎么做？

问题1：我在哪儿？

上一个情境中，王敏引发了客户兴趣，在新的案例中，王敏处在销售面谈中“探寻需求”的阶段。这个阶段中包含KYC（客户调查）和需求唤起。

问题2：我想要什么？

如果我是王敏，我可能会迫不及待地想完成销售，但一定要觉察：签单是最终目标，心急吃不了热豆腐。

这时候我应该先了解一下客户的情况，判别一下他有资格、有能力购买吗？他有决定权吗？如果以上都有，那么他有需求吗？因此，我要进一步激发他的意愿，只有有了意愿，他才会告诉我更多的信息，给他做进一步的设计。

问题3：客户不想要什么？

如果我是苏先生，一听到“保险”两个字，我本能就会怀疑你的笑背后藏着刀，你热忱的眼光里冒着绿光，你张开血盆大口，就想着让我签单……我更害怕那种循循善诱、装模作样，隐藏真实目的的销售人员，他们会玩套路、不真诚！

问题4：怎么做？

（1）**了解客户（KYC）**：基于我将要推的产品的购买要求，先了解苏先生的现状，包含5W1H，首先判别其是否是合格客户。

（2）**增加温度**：通过合适的对话技巧让氛围轻松下来，确保聊天能继续下去。

（3）**激发需求**：和苏先生一起分析他或者和他类似人士的现状，找出痛点，让苏先生产生进一步了解的动力。

知识点：KYC结构——什么是5W1H。

What：买过什么？

When：什么时候？

Why：为什么买？

Who：从谁那儿买的？谁做决定？

Where：在哪儿买？

How：怎么买？怎么用？

下面再看看专业的客户经理王敏会怎么做。

苏先生很快办卡完毕，来到王敏的座位：“我办完了，王敏，刚才咱们聊到哪儿了？”

“苏先生，您坐，等下健身约的是几点啊？

“噢，没事，我今天休息，几点过去都行。”

“好的，我给您换个新杯子，刚才咱们聊健身，您说自己买过保险，我猜您是个靠谱的人。”王敏笑了。

“是啊，这和靠谱有什么关系呢？”

“哈哈，因为每一种产品都有自己独一无二的价值观，保险是因责任产生的，主动买这种产品的人都是有家庭责任感的！”

“噢？哈哈，谢谢！我可没那么伟大，我那份保险，是10年以前为了帮亲戚的忙买的，其实我也不太懂。”

“您买的哪个公司的险啊？”

“太平洋的。”

“噢，太平洋是个大公司。保的什么呢？”

“说是到一定的年龄时会返一笔钱，还有分红。”

“嗯，听起来是分红型养老险，那还保其他吗？”

“好像其他没有了。”

“一年交多少钱？”王敏轻快地问。

“今年是第 10 年，一年一万多元。”

“嗯，明白了，有您的支持，您亲戚现在一定升职了吧？”王敏笑了。

“哪儿啊，她干了几个月就做不下去了，听说保险挺难做的。”苏先生摇摇头。

“那现在谁管您的单子呢？”

“有个人后来联系我，想让我再买，但是因为我没买，也就没什么联系了。”

“噢，那她给您仔细讲过这个保单的利益吗？”

“我亲戚开始的时候讲过，就是刚才我说的，挺简单的，相当于存一笔钱。”

“嗯，是的，听起来您买的是一种规划类的保险，类似于长期存钱，确实是早存早好！您觉得呢？”

“是吗？真的吗？我倒没什么感觉，反正也不多，放在那吧。”

“感觉您很豁达，不过您买的里面保健康的好像还没有，您为什么当时不先考虑这个呢？”王敏看着苏先生。

苏先生点点头说：“是的，我那会儿才 20 多岁，单位也有补充医疗保险，百分之百报，好像保的还不少，能达到几百万呢。”

“明白了，苏先生，老实说，一般人提到保险立刻就闪，您能不带偏见，特别难得！但是，您知道您现在有的这些保险有什么风险吗？”

“你说啥？保险也有风险？”。

“是的，苏先生，要是您时间还允许，我给你说个客人给我讲的真事儿。”

“没事儿，你说。”

“这是我一个客人的亲哥哥，有一天他发烧了，就到医院去检查，结果，不查不要紧，竟然查出来最可怕的那种病！就是 20 世纪 80 年代有一个日本电视剧里的那种。”

“是《血疑》吗？”

“对对，我没看过，但是听家里人讲过这个电视剧，您知道吗，这种病，几乎是重大疾病里花费最大的……”

“要多少钱？”

“治疗重大疾病，有好多种支出，住院费、治疗费、康复费，还不说误工费，等等，加起来，我们咨询过医疗机构普通的重疾，在有社保的情况下，还需要100万元左右的额外资金，白血病号称癌中之王，花费更多！”

“是啊，那怎么办了？他家庭条件好吗？”

“父母都是当地公务员，出事之后，他也想起来自己3年前就买过保险，一年交12000元。”

“那这时候就该用上了，你说保险有风险，怎么着？难道没赔？！”苏先生看着王敏。

“对，没有赔！”

“我其实也最担心这个，收钱的时候什么都行，掏钱的时候翻脸不认人！”苏先生摇摇头。

“家属也很气愤，觉得不行就打官司吧，但是最后发现不是这么回事。”

“那怎么回事？难道是这个人骗保？”苏先生狐疑。

“也不是，他买保险的时候身体是健康的。”

“那到底怎么回事呢？”苏先生睁大眼睛。

“因为买错了！他买的是分红型养老险附加意外伤害险和意外伤害医疗，我不知道您懂不懂这些保险的品种，他患了重疾，这些管的却是养老和意外。所以，没法赔。”

“那他为啥不买管疾病的呢？和我一样单位有？”

“不是，他是干汽修的个体老板，后来才知道，他觉得自己身体壮的像头牛，感冒都很少，年纪大点再考虑买重疾险更合适。”

“……那真是可惜了！”

“所以，我的客户对我说，王敏，不管买什么，一定要搞清楚买的是什么，买多了、买少了，或者买错了，都是问题！”

“嗯，很有道理！的确是这样！”苏先生点点头。

“苏先生，您刚才提到10年前买的保险是为了存钱，那健康方面，您是倚仗公司的补充医疗保险是吗？”

“对，我们据说全都报的，社保之外也百分百报销。但是平时也没用过，不太清楚具体情况。”

“嗯，苏先生，虽然初次见面，但是不瞒您说，我客户里关系不错的，在外企的也有好几个，比如微软、甲骨文，你们能够在这些好公司做到退休吗？”

“哈哈，没想过，谁知道呢？”

“是，那如果万一有一天你们真的离开原单位，福利可以带走吗？”

“那估计不行吧，怎么可能呢？”苏先生想了想，撇撇嘴。

“是的，恕我直言，苏先生，您就需要为自己的将来早做考虑！我甲骨文的朋友说在大公司工作就像住五星级酒店，各方面虽好，但里面的设施带不走！像刚才您提到的补充医疗保险，它的属性是商业补充医疗险，一旦人年龄大了，单位不给交了，再想自己买，要么加费，非常不经济；要么严重点，身体状况不佳的话，还会面临拒保。”

“嗯，那——他们都买的什么？”

“噢，保险并不复杂，但是说明白还是需要点时间。现在时间已经快接近11点了，您着急走吗？”

“噢噢，的确，我在你这聊太久了，那你简短点说？”

“好的，不如这样，接下来3分钟，我向您了解几个情况，您之后就先去锻炼，后续如果方便您抽空和HR要一份你们的医疗福利，请HR发个邮件就行，我稍后找一个跟您情况差不多的外企客户的方案，然后我们定个时间，比如今天下午5点如何？您再来一趟！我们用半小时，对照着来，量身定制，您看行吗？”

“下午5点，嗯，行！你想问我什么？”

王敏通过充满温度的对话要到了做方案需要的信息，苏先生并不熟悉保险产品，他能听得懂相对复杂的保险方案吗？（这是下一节“阐述方案”将解决的问题）

请仔细阅读上文新的情景对话，找出下面问题的答案。

1. 调查（KYC）一个客户是否是合格客户，需要了解三个指标——MAN，即Money（支付能力），Authority（权力），Need（需求），王敏分别采用了哪些对话来搜集这些信息？

2. 长时间面对面沟通，最为挑战的是如何不断激发客户兴趣，让聊天继续，王敏是通过哪些关键语句做到的？

3. 王敏作为年龄不大的客户经理，面对年长的苏先生并不处于弱势，她是通过哪些关键语句建立自己专业顾问气场的？

说明

销售过程是将产品、沟通、心理结合在一起的具体情境，受版面限制，案例中只能选择一种产品做示范，本案例采用的是重大疾病保险产品。希望读者们能够活学活用，在年金险、增额终身寿、基金以及私募等产品上，举一反三。

“探询需求”阶段是把“调查客户（KYC）”与“唤起需求”融合在聊天中，那么该怎么去培养自己“会聊天”的能力呢？

表 3-6 为唤起需求清单，可以供客户经理练习或实战后自检。

表 3-6 唤起需求清单

销售：__________ 客户：__________ 观察者：__________ 日期：__________

整体评分：□ 4. 优秀 □ 3. 良好 □ 2. 一般 □ 1. 差

<table>
<tr><th colspan="7">唤起需求</th></tr>
<tr><td colspan="2">检查项目</td><td>1
差</td><td>2
一般</td><td>3
良好</td><td>4
优秀</td><td>说明</td></tr>
<tr><td colspan="2">1. 确保沟通温度</td><td></td><td></td><td></td><td></td><td></td></tr>
<tr><td colspan="2">2. 调查客户资质（MAN）</td><td></td><td></td><td></td><td></td><td></td></tr>
<tr><td colspan="2">3. 确定客户画像</td><td></td><td></td><td></td><td></td><td></td></tr>
<tr><td colspan="2">4. 激发客户需求</td><td></td><td></td><td></td><td></td><td></td></tr>
<tr><td colspan="2">5. 了解设计方案所需信息</td><td></td><td></td><td></td><td></td><td></td></tr>
<tr><td>观察记录</td><td colspan="6"></td></tr>
<tr><td>优点</td><td colspan="6"></td></tr>
<tr><td>待加强之处</td><td colspan="6"></td></tr>
<tr><td>改善建议</td><td colspan="6">What

When

How</td></tr>
</table>

【阅读链接：深刻认知 SPIN 销售法】

在银行销售培训课程中，学员常会听到 SPIN 销售法。什么是 SPIN 销售法？

SPIN 销售法是尼尔·雷克汉姆（Neil Rackham）先生在 IBM 和施乐等公司的赞助下通过对众多高新技术营销高手的跟踪调查提炼出来的一套方法。

SPIN 销售法包含以下四个层次。

1. 情况性问题（Situation Questions）：用来了解客户的现有状况以进行需求分析。

2. 困难性问题（Problems Questions）：探索客户隐藏的需求，使客户意识到所面临的问题、困难与不足。

3. 隐喻性问题（Implication Questions ）：通过使客户感受到隐藏性需求的重要与急迫性，刺激其购买欲望。

4. 需求—代价的问题（Need — Payoff Questions）鼓励客户将重点放在解决方案上，了解解决问题的好处与购买利益。

掌握好 SPIN 销售法，不仅可以提升客户经理的提问技巧，更会促使人养成顾问式的思维习惯，意义深远。

遗憾的是，学员在学习和应用 SPIN 式提问过程中，常反馈存在如下问题。

1. 感觉啰唆：交流的时间太长。

2. 感觉机械：客户不好控制，根本不按套路出牌。

3. 感觉太绕：自己性格不适合，本来卖得出去，现在反而不会说话了……

问题的根源在哪里呢？

SPIN 销售法的本质不是提问，而是思维。它的产生是源于大订单销售情境，而银行零售业务的场景通常是个人对个人的小订单销售。大订单销售和小订单销售的区别是什么？简单理解，大订单销售是企业对企业的解决方案销售；小订单销售是客户经理面对客户的产品销售（资产配置解决方案的性质依然属于个人小订单业务）。

大订单销售和小订单销售的差异在《SPIN销售巨人——大订单销售训练手册》一书中有清晰解释，下面我节选书中要点结合银行零售业务的特点做一下补充。

1. 大订单销售与小订单销售完全不同。大订单销售需要经历更长的时间，因此客户的心理会在这段时间内发生变化；另外，大订单销售的参与者众多，可决策者并不是每次都出现。

解读

这段话讲的是大订单销售和购买的复杂性，它的特征之一是销售额巨大。正是因为额度大，无论对于销售方还是购买方，都是复杂行为，偏重理性。小订单则差异极大，零售银行的客户中（活动客户或者存量客户），无论主动上门，还是被约访过来，都可以在较短时间内完成产品的选择和购买，甚至越来越多的业务直接通过网银就可以办理。

这对零售业务的启发是：**学习SPIN销售法，要首先认知自己的业务性质，**避免将本来简单的工作变得复杂。例如，在银行大堂，大堂经理的销售模式是“一句话营销”，短平快，这时就不必生搬硬套。

2. 不适当的强力推销在小订单销售中可能有所作为，而在复杂的大订单销售中却只能让事情越来越糟。

解读

这句话解释了为什么即使不参加培训，好的销售依然可以业绩长红，因为小订单销售中个人特质对销售结果起着极为重要的影响。

我过去的学员中有很多销售高手，他们凭借个人特质产生的优秀业绩晋升为管理者之后，在培养团队成员时遇到极大挑战，因为团队成员很难复制他的个人特质。业绩好的客户经理并不一定掌握销售的普遍方法。而SPIN销售法的基础是一套基于客户购买过程的逻辑，可以用于培养客户经理的销售思维。

3. 大订单销售的重要技巧就是让客户完全理解其购买决策可能带来的价值。

解读

这句话再次强调了**大订单销售时客户偏重于理性决策**，客户深思熟虑后才会做最后决定，但是，**在小订单销售中，多数情况会迥然不同**。一位银行理财专员向我讲述他的苦恼，他说客户过来就直接问我理财产品，我想给他做资产配置，但刚一开口，他就不耐烦了……我该怎么办?

我给他出主意："你可以先跟着客户走，如果感觉对话可以继续，就询问一下为什么考虑这个理财产品，如果他说是为了多赚一点，那就认同他，然后询问他是不是想赚更多一点……"

如果他不愿意聊天，那就先帮他把自己想做的产品做了，之后，再找个切入点深入交流。

理财专员有点困惑："那资产配置呢？我不讲资产配置？"

这个小伙子困惑的根源就是**对小订单业务特点还不够了解**。

小订单业务中的购买决定，对客人而言通常没有太大的决策风险，买就买了！这个购买决定有没有对错之分呢？有，最严重的是资金和风险的适配性不当，例如，如果一个老人为追逐高收益而将全部资金用于购买不保本的投资产品，则可能给自己带来极大的危害。（2008年金融危机时，银行有过这样后果严重的例子。）另外可能的决策错误是产品购买的顺序发生了错位，例如，没有首先考虑大人就先给孩子买了保险，或者先买了养老保险，等想到要买意外伤害和健康险时已经没有了支付能力，这都可能带来极大的家庭财务风险。

但是，对于一名经验丰富的专业理财顾问来说，除非出现上述情况，否则**不必在沟通中，强行将自己的理性和专业施加到客户身上，逼客户按照自己认为的正确方法去做决定**。必须清醒地认识到，客户在某个时间点或某个状态下是不够理性的。这时候如果你尝试讲述专业理念，他还是不听，你可以在风险揭示后，先顺着他，完成他所要的，之后在最合适的时机，把后面该做的补上。例如这位理财专员，可以先帮助客人选择好产品，之后，再从资产配置的角度来帮助客户查漏补缺。

一个优秀的客户经理，必须能够从高处清晰地认知什么是资产配置，包含哪些要点，次序怎么排布，然后，**结合客户的购买习惯，灵活地出选择题，先局部再全面，**这样才能真正让客户体会到“资产配置”对自己的价值。

4. 在买方看来，商品和销售人员在大订单销售中是密不可分的一个整体，在小订单销售中却可以割裂开来。

解读

有一个有趣的例子，2013 年的一天，我去我家附近的银行办业务，对客户经理的表现并不满意，我感到他一点也不热情、不专业，但是最后还是乖乖地做决定，跑到旁边的交行和中行取出来一些钱，来到这里签单并从他手里购买了一个理财产品。为什么呢？因为这个产品的确不错，他又讲了一句话：“这个产品马上就要卖没了！”

这样的购买案例时刻都在发生。年初，我去一个银行辅导，去得早了，就坐在理财经理对面的位子上咨询。一分多钟的时间里，她没有给我任何笑脸。但是她依然是行里业绩靠前的理财经理。为什么态度一般，业绩却好？我猜，离不开产品的拉力。

所以，**小订单销售中，产品和销售人员是可以割裂的**。

客户经理的业绩到底来自哪里？是产品好？是客户盘子大？还是自己的业

务能力强？这是一个客观而尖锐的问题。

产品现在越来越同质化，同业竞争愈发激烈，唯有个人素质强才是客户经理在银行立于不败的根基。

所以，优秀的银行客户经理需要有标准，就是前文中谈到四个素质——“专业、互动、合规、秩序”。

以上四点，可以帮助读者初步认知到SPIN销售法在应用中的注意事项，如果您想深入了解，可以阅读《SPIN销售巨人——大订单销售训练手册》一书。

销售流程——阐述方案

客户一旦了解了产品，购买是迟早的事，客户经理该如何向客户清晰有序地讲解复杂的产品呢？

第一次见面很愉快，王敏趁机向苏先生了解到以下信息。

工作单位：IEM。

职业：售前工程师。

年龄：31岁。

身体状况：良好，最近3年未有住院记录。

收入：年收入25万元左右（税后）。

支出：日常开销8000元/月。

房贷还款：公积金之外，实际只负担9000元/月。

家庭状况：单身，父母不到60岁、本地人、国企工作、接近退休。

现有保障：社保、单位补充医疗（待了解）、年金险（每年缴费12000元，20年缴费）

上述客户信息，是通过 KYC 得到的，很多人认为这是客户隐私，信息很难得到。事实上，客户经理只要如前面对话中将交流的温度建立起来，客户的防备心被消除，了解到这些信息并不难。

在苏先生离开后，王敏评估了苏先生的保险需求。

1. 重大疾病保险：保额 50 万元，20 年缴费保障终身，保费为 13625 元。

2. 定期寿险：保额 100 万元，30 年（银行不代销，所以先不提）。

3. 百万医疗：383 元 / 年（单位如果有，就可以不买）。

4. 意外伤害险及意外医疗：单位补充医疗应该有，可以不买。

以上险种是为了规避“突发风险”，包含健康、意外和死亡，是当务之急，先解决这个问题，之后再看解决养老和未来子女教育的准备。

像苏先生这样的外企白领客户，保障计划并不复杂。这是个小单子，王敏胸有成竹。

她也做了计算：苏先生的月支出能力大概是 250000 ÷ 12−8000（日常开销）−9000（每月房贷）−1000（现有保费）≈ 2833（元）

这个数字高于新配重疾险每月所需的 1136 元（13625 元保费平均到 12 个月），所以从理性上看并无压力。

苏先生收入不错，新的保费支出每个月也无压力，很合理。特别是他正在事业上升期，并且其他外企客户的保费每年四五万的比比皆是，就看我能不能打动他！”王敏想。

【案例：向苏先生介绍产品】

下午 4 点 50 分，苏先生来到银行，王敏已经准备好资料在等他。

“抱歉，王敏！我下午有点事，没顾上找公司的福利政策，自己那份保单也不知道放到哪儿了，要么你先给我看看你做的方案？”

“没关系，苏先生，以后慢慢找，您来之前，我已经给您做好了一份有针对性的计划，要不我现在给您讲讲？”

“好，你说说吧。”

“您喝口水。”王敏递过去一个杯子。

“您已经买了一部分养老保险，但由于健康这个部分还没有保障，所以按照保险购买次序，现在需要先补充重大疾病保险，保额50万元到100万元就可以。”王敏没有拿出计划书，而是拿出一张白纸，在上面写下“养老”“健康”和这两个数字。

“啊？ 50万元到100万元？这么多！”苏先生放下水杯。

“别紧张，这不是让您交的钱，是保额，现在治疗一个重大疾病，最基础的花费都得这个数，或许还不够呢。”

“哦……”

“先趁着身体健康把重大疾病保险配齐，之后，考虑到家庭责任，您可以再买一些寿险，保额在您年收入的10倍左右。”

“啊？寿险是什么？为啥要10倍的年收入？”

“寿险，是管死亡的。从专业上来讲，万一一个人发生了风险，比如身故，受影响最大的就是人走了之后的家庭。如果提前规划好，人虽然没了，但10年内，收入还可以像人没走一样，那这份责任就体现出来了。”王敏看着苏先生，她自己对保险的意义很接受。

“哦，这样子啊。你刚提到重大疾病保险，还有寿险，还需要买别的吗？”

“买了重疾和寿险后，您需要在原来那份分红险上补充养老金，但是这个不急，可以作为第二步。”银行里其实主要销售的是年金和增额终身寿，王敏对这些规划的步骤非常熟练，但她在验证苏先生没有健康保障后，还是选择先推保障类的保险。

“那，所有这些，按照你给我设计的，一年需要多少钱？”

“苏先生，总的保险支出有一个原则：不能超过您税后年收入的20%，我给你算了一下，这里面最主要的是重大疾病保险，按照50万元保额，合一个月保费1136元左右，如果您想保的厚一些，就是一个月保费2270元左右。”

“噢，那一年下来……”苏先生在心算。

“你刚提到重大疾病保险，都保哪些病啊？”他突然话题一转。

“我们的重大疾病保险保100种重疾，还有50种轻症，主要的都包括到了。”

“嗯，我有社保，还有公司的补充医疗保险。”

“是的，正如前面咱们说过的，这个是商业保险，和您的社保一点不矛盾。万一您得了大病，社保是先花费再报销，商业保险是确诊后就先赔付，能帮您解决燃眉之急。并且这个是额外给付性质的，和单位的补充医疗结合起来，没有任何冲突！”王敏内心稍微有点急躁，因为她感觉客户完全是个小白，并且好像在质疑自己的动机。

“王敏，拜托你件事，别拿我举例，我觉得有点别扭。另外，你说额外给付，这是什么意思啊？”

“抱歉，抱歉，苏先生，是口误，我没有说您的意思！额外给付是说它就是别的赔了后这个可以继续赔，都是根据诊断证明来的，不会说那个赔了，这个就不能赔了。”

“嗯，这样吧，我觉得你说的挺有道理，但是我也是初次接触，信息量挺大，你是不是做了一个计划书？给我看看？”

“好的！”王敏把计划书递过去。

“哟，好专业，这个是啥意思？”苏先生指着一段文字问。

“这就是保费产生的现金价值！”王敏立刻解答。

“现金价值是什么？”

……

苏先生提出了很多问题，王敏一一解答，但是她越来越感觉有点不妙。

果然，苏先生说到：“这样吧，这个我能拿回去吗？我消化消化，然后咱们再约时间吧。”

王敏听到这句话，第一反应是：“完了，怕的就是这个，一去不复返，都是这样的。”

案例分析

1. 请仔细阅读上述对话，并尝试找出下列问题的答案。

（1）交谈中苏先生对哪几个关于保险的专业概念产生了疑惑和不解？

（2）沟通中主导权的变化，体现在哪些对话中？

（3）苏先生带着计划书离开后，他可能会遇到些什么？

2. 继续培养销售诊断的思维模式。

问题1：我在哪儿？

问题2：我想要什么？

问题3：客户不想要什么？

问题4：怎么做？

问题1：我在哪儿？

王敏处在销售面谈中第三个阶段——“阐述方案”。这次对话是因为“探寻需求”时，苏先生对保险的重要性开始产生了兴趣，特别想了解自己的方案。现在方案就要出来了，他是否能理解和接受呢？这是本阶段要实现的目标。

问题2：我想要什么？

如果我是王敏，我期待苏先生能够爽快地接受我专业的建议，立即完成销售，但我要继续警醒自己：这是最终目标，心急吃不了热豆腐！继续坚持住！

我需要在这个阶段耐心并有温度地把量身定制的方案“卖”到客户心中，这体现在：第一，理性上，通过我的专业让这个方案的适配性被认可；第二，感性上，通过我的自信感染苏先生，让他有下决定的信心。

问题3：客户不想要什么？

如果我是苏先生，我会对给我设计的方案抱有浓厚兴趣，但是如果发现支出金额很高、内容很复杂，并且一旦感到理财经理想让我马上掏钱，我会感到不安、有压力，进而找个借口闪人。

问题4：怎么做？

（1）**调整客户心态：**面对复杂的产品方案，客户会东问西问，在有限时间里，我要主导谈话，在面谈开始阶段，让他完成6次点头，带他进入一个类似“催眠”的舒适状态，从而避免其成为“十万个为什么”。

（2）**清楚阐述方案：**复杂产品中有很多晦涩的概念，方案阐述时，我要绕开这些，采用T—N—B—A—F逻辑，以结果为导向，保证客户可以听懂。

（3）**激发购买动力：**客户一旦认同方案内容，下一步通过故事类比给到他动力，让他产生做决定的意愿。

知识点：T—N—B—A—F讲解产品方案的实战技巧

按照Trouble（困难）—Need（需求）—Benefit（好处）—Advantage（优势）—Feature（特点）这样的顺序来阐述方案、讲解产品，会让客户听起来逻辑清晰、易懂。

下面以额外给付型重大疾病保险为例。

Trouble（困难）："一个人一旦发生重大疾病，会产生几十万元甚至上百万元的花费，这笔钱如果没有准备好，他和他的家庭会受到什么影响，又该怎么应对呢？"

Need（需求）："他想不想不给父母、爱人、孩子和朋友添麻烦，而是找到一个不失尊严、减少痛苦的办法呢？"

Benefit（好处）："的确有这样的方案，可以在不幸发生时，资金不至于中断，自己和家人的尊严得以保全。"

Advantage（优势）："为什么重疾险的作用是社保医疗无法替代的呢？因为相对社保来说，它可以不受医药范围的限制，也不需要先花费再报销，而是确诊之后，可以快速赔付，争取到宝贵时间。"

Feature（特点）："为什么重疾险能有上述优势？因为它是商业保险，不是国家负担的，并且是额外给付型，是根据诊断证明来先行理赔，不需要事后报销。"

下面再看看改进后的专业的客户经理王敏是如何做的。

下午4点50分，苏先生来到银行，王敏已经准备好资料在等他。

"抱歉，王敏！我下午有点事，没顾上找公司的福利政策，自己那份保单也不知道放到哪儿了，要不你先给我讲讲你做的方案？"

"没关系，苏先生，好的企业都差不多，我这里有一份其他公司的内部福利政策，你想不想看看？咱们可以根据它来看看什么不需要重复买，什么需要抓紧买！"王敏从文件夹里抽出一份资料。

表 3-7

保障项目	保险金额		
×× 团体定期寿险	• 疾病身故，保险金额为投保时月基本工资的 36 倍 • 全残，保险金额为投保时月基本工资的 36 倍		
×× 团体意外伤害保险 B 款	• 意外身故，保险金额为投保时月基本工资的 72 倍 • 意外伤残，保险金额为投保时月基本工资的 72 倍 × 伤残程度对应的保险金给付比例		
×× 安康团体重大疾病保险	• 50 种重度疾病 +30 种轻度疾病保险金额为 RMB 150 000 元（重度疾病和轻度疾病赔偿限额以此保额为限）		
医疗保险	门、急诊（牙科）	1、100% 赔付就诊当地社保范围内费用，并开放乙类药品； 2、医生费：开放普通病区和特需等同类病区的医生费（挂号费、诊疗费、诊查（察）费、医事服务费用）； 3、开放特需等同类病区门诊就诊费用。	2 万元 / 人
	住院	1、100% 赔付就诊当地社保范围内费用，并开放乙类药品； 2、不开放特需等同类病区住院费用； 3、开放床位费（不含特需床位费），限额同门诊住院保额。	
	女性员工生育	1、100% 赔付就诊当地社保范围内费用，并开放乙类药品。 2、医生费：开放普通病区和特需等同类病区的医生费（挂号费、诊疗费、诊查（察）费、医事服务费用）。 3、开放特需等同类病区的生育门诊就诊费用；不开放特需等同类病区的生育住院费用 4、开放床位费（不含特需床位费），限额同门诊住院保额	1 万元 / 人
	救护车	1、因意外伤害、疾病、生育发生省内救护车费用及在救护车上发生的院前急救费用，救护车票据不受约定医院限制； 2、责任、赔付比例、保额同门诊、住院、生育。	
	公共保险金额	1、100% 赔付就诊当地社保范围内的费用，并开放乙类药品。 2、不含生育责任 （所有员工及员工投保家属共用）	150 万元
	保健洗牙		240 元 / 人
	年度体检		700 元 / 人
	疫苗费用：包括含流感疫苗，乙肝疫苗（包括检查费），狂犬病疫苗，HPV 疫苗以及新冠疫苗等在内的在合法注册的医疗机构注射疫苗发生的相关费用		600 元 / 人

“噢？好啊！”苏先生眼睛一亮。

“您喝口水。”王敏递过去一个杯子。

“您看这个好懂吗？”王敏将资料递给苏先生。

“大概能懂，这是大病有15万元了是吗？”

“是的！”

“什么叫定期寿险？”苏先生对一个名词不解。

“定期寿险，就是不管因意外还是疾病，只要身故了，这个就赔，这是体现家庭责任感的、特别好的一个险种！”

“什么叫乙类药品？”苏先生继续提问。

“这样吧，苏先生，我拿着，我来给你说，您自己看可能会很乱，但保险其实很简单的，行吗？”王敏笑着拿起一支笔。

“好！”苏先生把资料递回给王敏。

“说到保险，您要明白，为什么它会存在，它是根据风险产生的。风险有三大类。你看您是一家之主，将来万一发生什么问题，家里怎么办？老人、爱人和孩子怎么办？你一定会担心对吗？对了，谈到保险，难免会说到死啊、病啊、残啊，您是不是特别介意？”王敏笑着问。

“噢，没事，我不在乎的，哈哈。”

“第一类风险叫作突发风险，就是谁也不知道什么时候它发生在谁身上，属于极小概率事件，但是一旦发生，那可能就是倾家荡产的大事，比如说，您见过朋友圈里有人发水滴筹吗？那一般是出了什么事？”

“有，见到过，大病！”

“对，大病、小病是健康问题，还有意外，以及死亡，这都属于突发风险，一旦发生这些事，钱从哪来？用父母的养老钱？用孩子的上学钱？向亲戚朋友借钱？这都是现实中很可怜的事，千万不要发生……”王敏动情地连续提出几个问题，苏先生听后不住点头。

“这时保障类的保险就发挥作用了！您看这个。”王敏用笔指着前两栏，“这家公司的福利多好啊，一旦人出事了，至少赔月基本工资的36倍，如果是因为意外死亡的，再加上72倍，如果这个人月收入2万元，那就是216万元，虽然说人走万事空，但父母、爱人、孩子还要活着啊，这笔钱让家庭的资金流得到极大缓解，这就是为人儿女、爱人和父母的责任！当然，也有前提，违法犯罪是免责的。”

“明白！”苏先生饶有兴趣地点点头，他头一次听人这样讲保险。

“如果生病了呢？小病，您看每年2万元，和社保配合，医保药品范围内100%赔付，还有自费的乙类药可以报销。大病，除了社保，补充医疗里有15万元大病保障了，您看到了吗？”

“嗯，看到了！”苏先生点点头。

“保多少种病？”

“50种重大疾病和30种轻症疾病是吗？”

“对！”

……

王敏把风险分类和产品一一对应讲出来，苏先生频频点头。最后王敏向他确认：“我讲的这些，好理解吗？”

“非常容易懂，王敏，你很专业！我头一回能听明白保险！不过福利这么好了，那我还用自己买吗？”苏先生狐疑。

“哈哈，是的，苏先生，不该买的咱一定不要重复买！不过，上次咱们聊起您会不会在IEM做到退休，如果能，那就省很多，如果不能，一旦离开了企业，福利就带不走了。五星级酒店虽好，但毕竟不是自己的家……特别是现在一些企业，一旦员工身体出了问题，企业反而会想方设法辞退他。”

“嗯，你说到我心坎上了，现在大形势……那你觉得我该怎么买保险？”

“苏先生，您现在一切都挺好，所以适宜立足当下、着眼未来！从轻重缓急角度看，您一定要先把医疗、意外、寿险做好，规避突发风险的影响。首要是重疾险，因为这个险第一是健康的时候才能买，第二就是它的保障期限到终身，越早安排越好！您知道现在在北上广深这样的一线城市，有社保的情况下，治疗重大疾病还需要多少费用吗？”

“这个我不太清楚，怎么也得几十万元吧？”

“嗯，是的，根据我们对医疗机构的研究，80 万 ~200 万元是大病发生后配合社保花费的平均数字，前几年有部电影《我不是药神》，您看过吗？”

“我看过，徐峥演的那个？”

“是啊，那是写实的电影，里面那个药品属于治疗中的自费药，自费药价格昂贵……说是治疗的问题不如说是钱的问题。现实中治疗条件好一点的话，80 万 ~200 万元也不一定够。”

“是啊，现在得不起病……”

“所以，您看到这家公司补充医疗里的这 15 万元了吗？”

“嗯，这个看起来不够！那我配多少合适，花多少钱？我还需要再回去确认一下我们公司的吗？”

“苏先生，大病险选择有两个关键要素：一个是额度，另一个是保障期限，您期望保多少、保多长时间呢？”

“时间越长越好，保额，你觉得多少合适？100 万元？”

“要么给您讲讲我自己买的保险吧，这样您就明白了，然后我再和您说一下和您差不多的人群，外企金领们，都是怎么考虑的，好吗？”

“那太好了！”

“我今年是 28 岁，买的重大疾病保险额度是 50 万元，保障期限到 100 岁，费用是每年10795元，20年缴费。为啥这么安排？因为我现在年龄还不算大，支付能力也有限，单位也有补充医疗。所以，这是我买的第一步，再过2年，到30岁左右的时候，我就会把保额会升到100万元。基本上100万元的额度就能让我踏实了，万一出事，最起码不让父母为我花掉养老金，我到35岁的时候，会再增加一下额度，达到150万元。”

王敏边写边在白纸上画了一条直线，标记出年龄和额度，让苏先生看得更真切。

“噢，那算一算，你一共缴了215900元，如果赔才赔50万元，不太划算吧？”

“哈哈，苏先生，不是这么算的，因为，第一，这些钱没出事的话最后是返还的，到时候用来让孩子给我买个墓地吧，哈哈；第二，如果中间我发生意外身故了，可以死亡赔付，给我父母尽点责任；第三，它是分20年缴费的，这里面存在杠杆效应，比如，我投保90天之后就诊断出来自己得了某一种大病，那么是不是就赚大了？”

“别这么说自己，别这么说自己！为什么是90天？”苏先生一边说，一边有些好奇。

“没关系，苏先生，对保险认识越深，人就会越豁达，生老病死残，都不怕，它能改变人的人生观呢，哈哈。至于90天，这是观察期，因为保险公司怕人带病投保。”王敏忍不住笑了。

“哦！真长见识！”苏先生也笑了，他觉得这个年轻女孩很不一样。“你说得很有道理，那和我差不多的人都是怎么投保的呢？”

“苏先生，对高净值的客户我们做过统计分析，30~35岁的外企白领，收入丰厚，但上有老下有小，压力也更大，健康险的保障额度会在80万元到200万元。为什么是这个区间？除了前面我们聊到的这是一个平均费用外，还有一点，年龄再大一些后你想保不见得能保；就是能保，年龄越大费用也越贵。为啥？身体机能在下降。”听着王敏的讲解，苏先生不断点头。

“不如我给您讲一位李先生的例子吧，他年龄比您长3岁，也在外企，我给您说说他的设计？但您不要问我他的名字和工作单位，因为，您理解，我们要为客户保密。”

“那当然，你说说吧！”

王敏讲了李先生的情况和保险配置，苏先生饶有兴趣，期间问了好多问题。

王敏讲完之后，看到苏先生很感兴趣，就问：“苏先生，您觉得怎么样？”

“很好，很有启发！要么我也照着来一份。”

“好的，我们现在就量身定制。”王敏登录系统，开始根据苏先生情况，现场生成计划书。

计划书一旦生成，就要进入最后时刻了，苏先生面临要不要立刻决定的问题，他会不会提出很多问题呢？（详见下一节“处理异议”）

请仔细阅读上文新的情景对话，找出下面问题的答案。

1. 占据沟通主动，需要从对话初始就调整客户状态，王敏用了什么样的方式让苏先生开始不断点头？

2. 给苏先生设计的方案中，主要产品是重大疾病保险，王敏是如何灵活运用T—N—B—A—F模型解说重大疾病保险的？

3. 当苏先生理解了产品之后，什么因素促使他考虑给自己立刻投保？

4. 王敏为什么没有拿着给苏先生做好的计划书讲解？

5. 在王敏自己的健康保障中，有一个性价比很高的消费型险种“百万医疗”，为什么在讲解中，她却没有提？

6. 请根据上述对话总结关于购买重大疾病保险的相关标准。

“阐述方案”阶段是把“对方案理性的解说”和“对客户感性的驱动”融合在对话中，该怎么去培养自己这个环节的对话能力呢？

下面的表 3-8 可以供客户经理练习或实战后自检。

表 3-8 阐述方案的要点清单

销售：________ 客户：________ 观察者：________ 日期：________

整体评分：□ 4. 优秀 □ 3. 良好 □ 2. 一般 □ 1. 差

阐述方案					
检查项目	1 差	2 一般	3 良好	4 优秀	说明
1. 理顺客户状态					
2. 清楚阐述方案（T—N—B—A–F）					
3. 用类比故事驱动客户					
观察记录					
优点					
待加强之处					
改善建议	What When How				

销售流程——处理异议

越接近做购买决定，客户提出的问题越多，客户经理如何应对，看似是技巧，实则是客户经理的自控能力。

【案例：处理苏先生的问题】

苏先生要求先按 100 万元保额设计保单，王敏很熟练地打出一份保障计划书。计划书上显示，苏先生今年 31 岁，缴费期 20 年，保额 100 万元，保费是 27250 元。由于不知道苏先生单位补充保险中是否有百万医疗，王敏没有加上，王敏的想法是今天尝试让苏先生先签了单，百万医疗险后续再加也是很简单的。

苏先生拿起建议书，翻开后，第一眼看到“年交保费”一栏，脱口而出：“27250 元，1 年将近 3 万元……”（诊断：这是苏先生的反对问题吗？）

王敏心里咯噔了一下，因为她想到了苏先生之前的收入和支出情况。

苏先生翻开后面一页，看到“现金利益价值表”，问王敏：“这个是啥意思？”（诊断：苏先生的第二个问题。）

王敏说：“哦，现金价值是说，交的保费累积到那一年的时候，如果万一发生退保，能退回来多少钱。”

“啊？！交将近 3 万元，如果第二年退，只能退 1600 多元，钱都哪儿去了？”（诊断：苏先生的第三个问题。）

“是的，退保很不划算，扣掉的费用里有保障费，还有一些行政费用等。”王敏心里想，银行的中介费和我的佣金也都在里面呢，但我不能说啊。

“这也太多了！”苏先生皱皱眉头，他目光移动到“重大疾病保障范围”上，“……这些病，看名字太惨了，生了这些病，还能活吗？”（诊断：苏先生的第四个问题。）

“所以，一旦发生治疗就需要大量的钱啊。”王敏赶紧接着话。

苏先生若有所思：“现在听说好多保险公司真出事了之后不理赔，你们这个有保证吗？我想看看条款。”（诊断：苏先生的第五个问题。）

“计划书上没有条款，要么您看我这个合同吧，上面有。”王敏庆幸自己的保单带在身边，说着从抽屉里拿出合同，递了过去。

苏先生打开王敏的合同，皱起眉，“这哪儿看得懂啊？！天书一样！”（**诊断：苏先生的第六个问题。**）

“是的，这是医疗专业领域的概念，重大疾病就是指那些到了末期，治疗和维持中需要耗费巨大费用的病……”王敏的心情跟着苏先生的眉头变化。

“每年27250元，交多少年？”

“20年。”

“20年，合起来是花545000元买保险，赔100万元……要是真得了这些病，还真是生不如死啊。”苏先生自言自语。（**诊断：苏先生的第七个问题。**）

王敏没出声，她心里想：“他这什么意思？觉得太贵了？”她这时候想到网上的一些消费型重疾险，但是银行又没有代销，如果说了，客户肯定就不买她的了，所以她很矛盾。

苏先生盯着保单条款，不出声，王敏在一旁陪着，仿佛在等待判决。

“要么，我再考虑考虑吧，王敏，这也不是个小事儿……”苏先生打破沉默。（**诊断：苏先生的第八个问题。**）

“您是不是觉得一下子买100万元有些压力？如果资金有压力，咱们也可以先买50万元。”王敏根据刚才看到的苏先生的反应，有些后悔直接谈大单。

“不是钱的事儿，我是觉得这个东西实在看起来太苛刻，我有个朋友是朝阳医院的大夫，也许我应该回去找他咨询一下。”（**诊断：苏先生的第九个问题。**）

王敏心里一凉，根据经验，只要客户说回去咨询朋友或者和老婆商量什么的，基本上就不会再回来了。

“这里面最常发的28种重大疾病是银保监会统一定义的，您就是咨询医生朋友，保单的条款也都是确定的。这种保险早晚都要买的，如果什么都不买的话，万一发生了，那时候就更麻烦了。”

"嗯……我还是先问问他吧。"苏先生犹豫不决。

"您就听我的吧，没错！而且还有15天犹豫期，您完全可以签了之后再去咨询朋友，如果不满意，再回来退掉。"

"不必要那么麻烦了，我还是先了解一下再说吧。"

眼看苏先生要走，王敏不禁心里一横，脱口而出："好，那您先去咨询您的朋友吧，等您咨询好了，您再过来。"

苏先生感觉到王敏的语气有所变化，特别是"您再过来"这句话。他理解为王敏要送客，心里也不痛快，他想："真是买你的就奉若上宾，不买就立刻翻脸赶人？"

"那好王敏，我就先回去了，谢谢你了！这个我拿走可以吗？"

"嗯，可以，您拿着吧！那，苏先生，您咨询后再过来！"

目送苏先生离去，王敏心里想："又完了……这个月保险任务又完不成了。"

案例分析

1. 请仔细阅读上述对话，并尝试找出下列问题的答案。

（1）案例中标出的苏先生的九个问题都是"异议"（异议：指客户的抗拒性观点）吗？如何区分"问题"和"异议"这两个概念？

（2）王敏对苏先生的第八个问题解读正确吗？为什么她会产生这样的认知？

（3）王敏认为应该推荐给客户消费型的长期重疾险，但是银行不代销，你对此怎么看？

2. 继续培养销售诊断的思维模式。

问题1：我在哪儿？

问题2：我想要什么？

问题3：客户不想要什么？

问题4：怎么做？

问题1：我在哪儿？

当王敏处在苏先生越来越接近做出购买决定的阶段时，苏先生看到计划书后如果购买就要为此花钱，因此，人总会本能地提出各种各样的问题，这个阶段被称为“处理异议”阶段。但是客户的问题并非都是为了抗拒，有的是真问题，有的是假问题，有的是情绪需求，有的是内容需求。嫌货才是买货人，客户经理如果对这些问题处理得当，将一气呵成进入到最后环节“促成交易”。

问题2：我想要什么？

如果我是王敏，我知道我的建议是专业的，我也是为他好，所以我会期待苏先生能爽快地接受，立即签单！但哪可能这么顺利？我要继续提醒自己：心急吃不了热豆腐！继续坚持住！

我需要在这个阶段用耐心应对客户的啰嗦，并热情地把量身定制的方案“卖”到客户心中，这体现在：第一，理性上，通过我的专业让这个方案的适配性被认可；第二，感性上，用我的自信感染苏先生，让他产生当下做出决定的信心。

问题3：客户不想要什么？

如果我是苏先生，面对我可能要付费的方案，我必须先把它搞懂，所以我会问些问题！但是我又敏感，因为我过去遇到过一些不耐烦的销售人员，他们的神情总会让我感觉我的问题很傻，这非常没面子……如果发生这种情况，我就会回去先研究一下，弄懂再做。

问题4：怎么做？

（1）站在高处，主导谈话，避免客户提出过多问题：我见过很多客户了，对苏先生会有哪些反应我有预判，一旦遇到客户提问，我会迅速判断问题是真是假，然后用结构性的方法（见“知识点”）应对；但为了避免被客户带着走，我首先就要站在更高的视角，争取主导谈话，规避不必要的问题。

（2）保持温度和耐心：越接近付钱，客户的各种人性弱点越会暴露，我要理解并接纳这些反应，始终保持高能量，通过讲述真实案例来帮他们消除忐忑。

（3）真诚接纳客户的各种反应：一定会有客户当下不能做出购买决定，我不能因此产生落差，我的初心是真正帮助他，所以，我当下要做的就是让他舒服，这样他才有可能再回来。但我在真诚接纳客户反应的同时必须详尽地记录下来他的问题和表现。

知识点：异议处理的结构化做法

按照下面的顺序来处理异议，会让自己保持淡定，并有效舒缓客户情绪，帮助客户回归理性，解决问题：重复（客户语言）—询问（提问背景）—认同（情绪或动机）—分析（异议原因）—提议（开始行动）。

以客户反对问题“我买过了，不需要了”为例。

重复：您是说您已经买过保险了，是吗？

询问：您真的很有意识，您买的是什么险啊？

认同：噢，我明白您为什么这么讲了。感觉得出，您是一个_______的人。

分析：买保险就像买彩票，很可能买了A，但是开奖的是B，就像您买的是_______，万一发生了_______问题，怎么办呢？

提议：人要健全，保障一样要完整，我们自己会有一种保险的标配，您要听一下吗？

下面再看看改进后专业的客户经理王敏是如何做的。

参照李先生的保额，苏先生要求按100万元保额做一份具体的计划书。王敏没有立刻动手，她对苏先生这样讲：

“苏先生，我理解您想做一个完善的保额，但是为了让您投保顺利，我建议分两步做，因为重疾保险免体检保额是50万元。超过50万元，您需要专门去做一次体检，除了时间成本之外，万一检出个什么问题，就会加费或者责任免除。我之前问过您，您身体状况良好，过去几年没有去过医院，所以，如果第一次先配50万元，可以不体检，等过了90天的观察期，我们再做第二步，那时候即使体检出现问题，前面的也不受任何影响！您看呢？”

“你想的真周到！行，那就先配50万元吧！”苏先生赞许地点头。

王敏打出保障计划书，上面显示：苏先生今年31岁，缴费期20年，保额50万元，每年保费13625元。王敏没有加上百万医疗险，她的想法是今天尝试让苏先生先签了单，如果单位补充保险里没有百万医疗，后续再加也是很简单的。

“苏先生，计划书相对格式化，这里面有一个看的顺序，我来指给您吧。”王敏笑着拿起笔。

“好的！”

“保险很简单，你看，这是您的保额，50万元，这个是保费，平均下来，每天为健康存下30多元钱，相当于一盒烟钱，您不吸烟是吧？那就是不到一个汉堡王套餐的钱。哈哈！”

“这个费用可不少啊，一年来说。”

“不多！您现在是31岁，您看，如果换到35岁是多少钱？15640元！如果是40岁呢？18745元！”王敏在电脑页面上熟练输入不同年龄，显示出对应年交保费。

“噢？差这么多？！”苏先生睁大眼睛。

“是啊，年龄越大交得越多，保障期反而越短，所以这种产品，当下相对将来就是最便宜！我的保费还比您便宜呢，因为我年轻，还是女性！哈哈！”

“我还是觉得有压力啊，因为现在每个月剩不下多少钱……”

“嗯，苏先生，您是男人比我理性，我记得您说朋友圈里见到过水滴筹，您说他们出了事儿后想不想买？但是买不了了！因为这是商业保险，只能没出问题的时候保，所以有的钱可以省，有的不能省！有的事儿如果早晚得做，那就一定要早做！”

“嗯！”苏先生觉得有道理，但是还是有些犹豫。

“苏先生，您要只是顾虑保费，我们银行的客户都很聪明，他们用不同的钱来买保险，我给你讲一种方式听听？”

“好啊！”

“您了解李先生的计划，他是100万元保额，年龄还比您大3岁，费用更高！他是这么做的，第一次做了50万元，和您现在一样，这笔钱是从理财收益中出，他资金量比较大，有一部分做理财，有一部分做基金，理财到期的收益和基金止盈的钱每年用于保费。您在我们这不是也在做着产品吗？银行定期会有一些好的产品，我可以帮您盯着，争取抢到，另外您也可以配置一部分基金，止盈的利润也落袋为安用作保费。”

“嗯，这个主意不错！”

“除此之外，李先生单位年终有一大笔浮动的年终奖？你们有吗？”

“我们也有。”

“这笔钱他也会拿出一部分作保费。您猜怎么着？”

“怎么啦？”

“刚开始李先生这么规划，我觉得很理性也很棒，但是第一份买过之后，刚过90天，他们单位就有人真得了病，他觉得不必再等到年终奖了，就立刻补到了100万元。上个月他见我说，其实啊，钱就是海绵里的水，你不存下来，你也不知道它最后会被挥霍到哪儿去，车都上保险，更何况人呢。”

“嗯，的确也是！”苏先生眉头舒展开了。

“那我们继续看，这个是身故保险金，这就是前面我提到的，如果万一缴费期间，没有生大病，但发生了身故，赔付的保额就给到受益人了，这体现了责任。您的受益人会写谁？是爸爸、妈妈吗？”

“对！”

“是的，我也是！我们继续看，如果没有得重疾也没有身故，高高兴兴活到老年，那时候，最大的风险是儿媳妇，不过身后有钱、儿媳孝顺，您觉得这句话对吗？儿子儿媳妇知道老人有一笔钱，哪怕您年纪大了，他们也会更孝顺！”

“哈哈，你真会说！的确是！”

“还没完呢！如果到了一定时候，您说我有个特别的事儿缺钱，借钱又怕伤朋友感情，您可以保单贷款！贷款利率很低，并且快速批复，您知道为什么吗？”

“啊？为啥？”

“因为这个。”王敏指着“现金价值”，“因为您的保费一直在累积，关键时刻最多可以贷出现金价值总额的80%！口渴之前先挖井，这口井就是现在挖的，人无远虑必有近忧！”

“嗯，看来这份保险真不错！”

“但是我还有一个问题，我是不是应该再看看别的保险公司？到目前，就听你说这一家了。另外，条款我也没看过。”

“苏先生，您是说您觉得保险是一个重要的事，所以应该慎重一些，是吗？”

“对！我觉得怎么也应该搞清楚再买吧。”

“是的，完全赞同，我也是这样的习惯，这表明您不是一个轻率的人，做事比较稳重。除了这个您还有其他考虑吗？”

“其他就没有了，保险反正早晚肯定是要买的。”

“是的，我买的时候也经历了这样的过程，并且我是银行的人，保险是我们的专业，更需要研究。给您看看我的保单吧，您正好不是想了解一下条款吗？”王敏拉开柜子，从底层拿出自己的保单，递给苏先生。

“你也买的这个啊？”

“是啊！要么我为什么给您推荐它呢？我可是花了好多功夫买我第一份保单的。您看看我的费用比您低多少。”

“噢？果然低很多。”

“我当时从性价比、条款、公司这几个方面下了一些功夫，您先看看条款。”

苏先生翻开王敏的保单，晕了，因为看不懂。

“是不是很晕？”

“没错，比那计划书还乱！”

“哈哈，100 种重大疾病，虽然都是医学专业上的定义，但最常发的 28 种都是统一定义的，因为监管机构充分考虑到客户是弱势群体担心保险公司自作解释。”

“所以呢？”

“所以，主要疾病定义统一的情况下，我们主要考虑好保额厚度就可以了。”

“嗯，那这家公司行吗？我过去就听过平安、太平洋这些。”

“平安、太平洋是很不错的公司，但是为什么我选择这家呢？因为这个公司是 2001 年成立的，早已经开始稳定盈利了，您知道保险公司平七赢八的说法吗？”

“平七赢八？什么意思啊？”

“寿险公司因为主要做期缴，比如20年缴费，一开始缴的少、赔的多，最开始主要是股东资本投入，往往到第七年才打平，第八年盈利。”

“噢，你懂的真多！王敏！”

“所以，我第一份保险选择这个公司就是看中它经营已经进入稳定期，从稳定性和性价比两个方面综合看，都比较高，就买的它，我们领导也买的它！”

“那还可以。”

“而且呢，一个人的重疾保额，我们聊过，配合社保的标准是80万元到200万元，这只是第一份保险，选择一个好的公司非常对，一个人会买至少3~5次保单，有个正确开始，慢慢加深认识，机会还有的是！”

“你说的对，那我也买这个吧！”苏先生想了想，觉得自己比来比去会更麻烦。

“行。”王敏准备带苏先生完成双录。

接下来，就将进入最后时刻——“促成交易”了，苏先生会顺利购买吗？他会反悔吗？

请仔细阅读上文新的情景对话，找出下面问题的答案。

1. 通过关键行为和语句，王敏占据了对话主导，请找出并把它们分别标记出来。

2. 王敏灵活运用了异议处理的五步结构“重复—询问—认同—分析—提议”，请找出并标记出来。

3. 如何选择保险公司，王敏有一套自己的话术逻辑，请找出并标记出来。

4. 保费支出有压力，王敏是如何成功解除客户的这个异议的？

➲ 深度思考

只能销售本公司产品的个险代理人、可以代理多家产品的保险经纪公司的经纪人、能够全类别配置资产的银行客户经理这三者在保险产品的销售逻辑上存在什么差异？

"处理异议"是整个销售过程中，特别是完成交易前不可回避的挑战，客户经理该怎么去培养自己在这方面的对话能力呢？

下面的表 3-9 可以供客户经理练习或实战后自检。

表 3-9　异议处理要点清单

销售:____________　客户:____________　观察者:____________　日期:____________

整体评分: □ 4. 优秀　□ 3. 良好　□ 2. 一般　□ 1. 差

处理反对问题					
检查项目	1 差	2 一般	3 良好	4 优秀	说明
1. 保持温度					
2. 占据主导					
3. 重复—询问—认同—分析—提议					
4. 讲故事					

观察记录	
优点	
待加强之处	

（续表）

改善建议	What When How

➲研讨：处理异议的方法

处理异议的方法，用百度可以搜出很多种，例如忽视法、补偿法、太极法、询问法、“yes…and”法等，在有关销售技能的书上也会列出很多种。这些方法都很好，然而更需要关注的是：在任何一种方法的背后，最关键是心态。

2004 年，我还是一名销售员的时候，我努力学习处理客户反对问题的方法。有一次参加培训，老师课上讲授的技巧让我眼前一亮，我立刻拿到客户身上使用，技巧很有效，客户发生了改变，这激励了我，我开始习惯使用技巧。直到有一次，遇到一位特别敏感的客户，他开玩笑似的提醒我：“你的套路我懂。”我感觉到，对方对此似乎特别反感。后来我反思：碰到一些敏感的客户，该怎么办呢？

现在，我是培训师，我需要给学员讲很多种技巧以及销售心理，但是，我会担心：我是否会把人变复杂，破坏了他原本的淳朴？

2013 年我到开封上课时，行长推荐几个客户经理和我交流。一见面，我就感到他们不同的气场：一个人时刻传递给人热情，一个人很明显是心里有事，还有一个面无表情。谈话一展开，大家逐渐放松下来。果然，热情的是本网点的销售明星，在那个城市，很多不认识的客户都会慕名来这个人的网点找她；看上去貌似心里有事的是常被误解的员工，因为她对很多现状有敏锐察觉、曾指出很多问题；面无表情的那位是储备干部，是个未来的领导。

像我给三位客户经理“面试”一样，当客户见到客户经理，在客户经理的技巧施展之前，很多判断就已经开始形成，**人生阅历丰富的客户尤其喜欢并擅长给人“相面”**。

因此，深层次的销售，需要关注客户的价值观。客户经理理解客户价值观上的深层需求才容易获得认可。价值多元化的环境下，销售人员为了完成业绩，被鼓励“见人说人话、见鬼说鬼话”，去努力学习各种各样的话术和技巧，培训师们吐沫飞溅、得意扬扬，美其名曰“情商”。这并不都是正确的。

尤其在遇到客户有异议的时候，客户经理的**眼神会比技巧更重要**，也就是**“唯真不破、唯热不融”**。那这个真怎么来呢？和技巧的关系是什么呢？

真，来自于自信；热，来自于喜欢。

自信，就是接纳自己和自己的职业，对销售这份工作的价值理解正确并深刻。（详见本书《销售前的准备》一节中的“销售价值观”。）

喜欢，则来源于对客户的洞察和理解，理解了才会接受，接受了才能包容，包容了才可能看到对方身上的闪光点，进而喜欢，这个非常不易。

客户就像小孩子，最开始和你心理距离很远，这是由于买卖双方之间的天然角色上的对立。客户可能会质疑你、看不起你、把你的名片扔掉，那你该怎么办呢？有人的方法是“忍”，外表顺从，内心却讨厌，甚至痛恨客户（我自己经历过这个阶段）。另有一种论调认为：“这就是生意，工作与感情无关！”。这被称之为“职业化”，其实这只是让人变得“塑料化”，缺少温度，冷冰冰。

有没有真正的解决办法呢？

有！就是**养成站到高处看的习惯，即从更高的视角来俯视你和客户的接触**。

站到高处去看就好比请你回忆 5 年以前你经历的最受伤的一次与客人的交

流。现在看回去，你还会像当时一样痛苦吗？一定不会，甚至会心一笑，感谢那个人那段经历给自己带来了成长。

所以，在和客户沟通时，如果客户经理能换一个角度，就像面对孩子一样，你知道对方是任性的、淘气的，但此刻你是大人能包容他；你不会完全顺着他，但你可以学习并尝试用合适的办法去引导他，给他安全感，激发出他可爱的一面。

要做到包容客户，客户经理需要经历痛苦的修炼。客户经理要不断复盘自己和客户的接触点，**不断地总结和反思**，才能真正理解客户和自己的反应。逐渐做到处变不惊，做到包容客户。

销售中，客户经理和客户的缘分来自机会和感觉。

机会不会眷顾"懒人"，感觉不会属于"木头人"，往往，**"懒人"和"木头人"会以"没缘分"为借口去不作为**。

"懒人"和"木头人"的对立面是"活人"，**怎么从"懒人"和"木头人"转变到生机勃勃的"活人"呢？**

要通过高质量的培训和训练。

高质量的培训和训练，要注重两个方面：一个是价值观，一个是技巧。

其中，价值观最根本，它是动力的来源，也是所有销售心理的开端。客户经理的价值观与他所处的环境和管理者有密切的关联（见第三章中"销售前的准备"）。

技巧听起来容易，但是掌握起来，需要客户经理先接受内容正确的培训并付出汗水进行训练，这个很考验管理者的水平。

技巧的使用中一定体现着价值观，价值观从根本上决定着技巧带给客户的感受。正确的价值观会让客户经理拥有强烈的正向感染力，正确的价值观也可以帮助客户经理消除技巧运用中的浮躁感。

在销售过程中，客户最深层次的异议，是一种对客户经理无形的、难以言说的不接受和不信任感，它并非出现在某一个沟通环节，而是自始至终都存在。这不是技巧可以解决的，这是**价值观上的对立**。

王敏和苏先生的第二个对话中，王敏并没有使用诸如“忽视法、补偿法、太极法、询问法”等花样繁多的技巧，但是也解决得很好，因为她很自然！

真正觉察和接纳自己，真正洞察和理解客户，处处为对方着想，多一些耐心和宽容，这些正是由顾问式销售的价值观驱动的。

销售流程——促成交易

在完成购买的最后时刻，过程越简洁、越自然，客户和客户经理的痛感越低。

【案例：苏先生签单】

双录时，苏先生提出一个问题：“你们是代销，这个怎么理解啊？”

“是啊！我们是银行渠道……”

“我那个亲戚当时说她是太平洋的，是不是从公司直接买会更好？不瞒你说，我周围也有认识的人保险做得很大，跟我说过，买保险找她可以便宜。”

“啊？别担心苏先生，我也有银行的礼品送给您。”王敏吃了一惊，返佣是她最怕客户提起的。

“不是礼品，说是可以打折。”

“那是返佣，是银保监会严格禁止的，一旦发现，会严厉处罚。”

“那要是我买了，对我有影响吗？”

“这个……那肯定对您后续服务有影响。”王敏一时语塞，脸色有些变化，她不知道该怎么说。

苏先生仿佛从她的脸上看出了什么，“丁零零……”这时候，突然手机响了，苏先生接听后立刻站起来：“喂？Peter，是我，怎么了？什么？好的，那我立刻加个班。一定！再见！”

“真讨厌，现在是我休假的时间，老板让我做个报告，我得马上走了，回头我们再约时间吧。”

“啊？！……那好吧！您什么时候方便？”王敏觉得很无奈。

“微信约吧，我先走了。”苏先生看起来很急。

案例分析

1. 请仔细阅读上述对话，并尝试找出下列问题的答案。

（1）当前，苏先生对“返佣”的态度是？

（2）客户提及“返佣”，如果你是王敏，你会有什么不同处理方式？

（3）如果你是客户，你购买保险时会关注哪些因素？最影响你购买决定的是什么？

2. 继续培养销售诊断的思维模式。

问题1：我在哪儿？

问题2：我想要什么？

问题3：客户不想要什么？

问题4：怎么做？

问题1：我在哪儿？

这是销售流程中的最后阶段——促成交易，这个阶段客户经理需要让签单过程顺畅，签单后客户心安，如果能激发出客户正面情绪，可进一步交叉销售或者获得转介绍。

问题2：我想要什么？

如果我是王敏，我想要苏先生顺利签单，避免节外生枝。

问题3：客户不想要什么？

我是苏先生，马上就要付钱，我会本能怀疑是否太快，但是这时候我也不希望客户经理把决定权再扔给我，我渴望这个环节，有一个人帮助我做出决定，给我强烈的信心。

问题4：怎么做？

（1）**少说多做，化繁为简**：我要直接带客户进入流程中的每个具体步骤，尽量避免客户思考，直至完成签单。

（2）**主动预判，避免反悔**：完成手续后，客户会彷徨怀疑自己的决定，我要通过预先准备好的谈资（热点事件或名人案例等）让客户开口，再次帮客户梳理认知，稳定其情绪，避免发生错误让客户反悔。

（3）**交叉销售或要求转介绍**：我的角色是银行客户经理，视角不会停留在一个产品的销售上，而是要重新回到资产配置，给予客户“理财生态”的观念，讨论通过交叉销售给他带来新利益，并趁热打铁力争得到转介绍，减少客户的孤独感。

下面再看看改进后的专业的客户经理王敏是如何做的。

双录时，苏先生提出一个问题：“你们是代销，这个怎么理解啊？”

“是啊！我们是银行渠道。”

“我那个亲戚当时说她是太平洋的，是不是从公司直接买会更好？不瞒你说，我周围也有认识人，保险做得很大，跟我说过，买保险找她可以便宜。”

“哈哈，那是个险渠道，个人代理保险，您的亲戚和朋友身份是代理人，就是Agent，并不是保险公司的职员。”

“那你们有什么差别？”

“打个比方，如果您买一个格力空调，您可以去街边小店，也可以去国美，这是不同渠道，各个渠道都有生存法则，虽然售后都是格力自己做，但是万一发生纠纷，不同渠道对厂家影响力不一样，这就是制衡。这个好理解吗？”

“嗯！”

“所以，为什么在银行买保险越来越成主流？因为客户的意识在成长：第一，个人信息集中，越是有安全意识的人士越希望自己的信息减少扩散；第二，从整体上省钱，用综合资产配置打通各种产品，目前只有银行能做到，您还记得咱们刚谈的保费规划吗？第三，银行大而稳定，万一发生什么事，银行对保险公司的影响力非个人能比，您懂的！所以在哪买都不是错，就是看您考虑什么？”

“噢，我明白了。”

“那您手机还有电吗？您登录下手机银行。”双录完毕，王敏立刻开始带苏先生进入投保流程。

手机投保流程很顺利。

“我这就算把保险买了？”苏先生有些恍惚。

“是啊！恭喜您，终于把这块儿补上了，但是健康保障正式生效，还要等90天观察期。”王敏一字一顿地说，“噢，采访一下，您现在有没有比刚才多一点安心的感觉？”王敏看着苏先生。

“这个真没有！我就是怀疑是不是被你忽悠了？”苏先生半开玩笑半认真地说。

“这个可以有！”王敏看着苏先生点点头，“您看过《仙剑奇侠传》吗？刘亦菲演的那个？”她突然转换话题。

“看过啊，好多年以前了。”苏先生被问得莫名其妙。

“那首主题歌《给你的爱一直很安静》好听吗？”

“好听啊！很棒的一首歌！”苏先生来了精神。

“那歌手叫阿桑，乳腺癌去世的……人生无常，保险就是一种价值观，说是给自己，更是给别人，有了它，最主要是心安，您说呢？”

“唉，是啊，真是，这东西是人人都该有！”

“但是苏先生，您不能因为有了健康险，就停下跑步啊，该锻炼还是得锻炼，争取这笔钱一直不用，将来留给儿子和儿媳妇。”

“哈哈，你这思维真跳跃，你什么星座的啊？”苏先生觉得王敏天马行空。

“您可以继续帮我一个忙吗？”王敏又笑嘻嘻地看着苏先生。

“什么意思？让我再买一个？”苏先生立刻收起笑容。

“不是，苏先生，您知道，很多人都排斥保险，对保险存在误解，但是您8年前就买过养老分红险，现在又刚配了健康保险，我想深入采访一下您，您对保险到底是怎么认识的？”

“噢！”苏先生呼出一口气，“其实啊，你要是去美国，在国外，离了保险寸步难行……”他开始侃侃而谈。

“您现在的两份保险，您清楚它们的具体作用吗？”

“清楚啊，一个用于养老，一个用于大病，和我现在那些互为补充，是吗？你为什么这么问呢？”苏先生觉得王敏有什么阴谋。

“哈哈，是的，我是想提醒您，一定要把保险放在资产配置里建立一个生态，不要割裂。”

"嗯？"

"很简单，要用生态，帮助您争取把保费挣回来！因为您这是在银行，我们有得天独厚的条件！"

"那当然好啊！你们有什么好产品？"

"有，稳定性和收益相对高一些的产品，起点会也相应高一些。"

王敏想干什么？

请仔细阅读上文新的情景对话，找出下面问题的答案。

1. 王敏如何有效处理了苏先生对于"代销"的异议？

2. 在签单后，王敏的哪些行为有效调整了苏先生的情绪？

3. 苏先生的哪个行为能够彻底杜绝他对自己购买决定产生怀疑？

4. 对话中没有描写王敏要求转介绍的语句，如果你是苏先生，她做些什么你才会介绍朋友给她呢？

深度思考

出于中收考虑，银行当下主销产品并不是以重疾险为代表的保障类保险，而是年金、增额终身寿险等规划类保险产品，作为银行客户经理，当你从头到尾阅读完这些对话后，请你试着思考一下：为什么我会采用重疾险作为案例中的产品？这对销售年金和增额终身寿险会有哪些帮助？

"促成交易"是整个销售对话的大结局，也是新销售流程的起始。该怎么去培养自己在这个关键环节的对话能力呢？

表 3-9 可以供您练习或实战后自检。

表 3-9　促成交易要点清单

销售：______________　客户：______________　观察者：______________　日期：______________

整体评分：□ 4. 优秀　□ 3. 良好　□ 2. 一般　□ 1. 差

促成交易					
检查项目	1 差	2 一般	3 良好	4 优秀	说明
1. 准备充分、流程简洁					
2. 处理异议、给予信心					
3. 主动预判、防止反悔					
4. 交叉销售 / 索取转介绍					
观察记录					
优点					
待加强之处					
改善建议	What When How				

第四章

客户盘点与客户关系管理

银行客户经理的工作中，客户经理自身的专业度直接影响销售过程，最终决定客户经理的业绩。想提升专业度需要找到学习路径，经营好与客户的关系则要从盘点客户做起。

出不了业绩是什么原因

【案例：王敏的手足无措】

月初，客户经理王敏愁眉不展，原因是自己上个月业绩排名支行第三，虽然名次不错，但支行客户经理总共只有三个人。领导找她谈心，说是谈心，王敏懂的，就是对她施加压力！但也怪不得别人，上个月银行主推保险和黄金，自己虽然也卖出去了一些，但是距离指标差得太远……王敏也有自己的苦衷：保险是大众难题，和自己关系好的客户，早就买了，甚至在自己的“帮助”下已经给全家都配置过了，而不熟的客户呢，哪容易一下子就买？上课时连老师都这么讲：保险是复杂产品，不像简单产品的销售容易一蹴而就。再说黄金，黄金市场现在这么冷……该怎么办呢？王敏着急，银行更着急。

为了有针对性地推动业绩提升，周末，分行安排了外请的老师来为大家培训保险和黄金销售。这样的主题过去也组织过培训，这次老师换了新的。培训负责人开场介绍说有幸邀请到 ×× 老师——银行业培训和辅导的专家来给大家讲课，请大家欢迎。王敏用手机一搜，了解到这个老师在其他行业的履历，老师虽然没在银行工作过，但是看起来很自信。

人力资源部何老师继续介绍说这位老师是一位知名专家，有多年的经验，老师在自我介绍时没提王敏搜到的那些履历上的经历，而是强调自己长期从事银行辅导工作，还是某大师的弟子。王敏想起了网上搞心灵鸡汤的大师，产生了一些反感，但耐着性子继续听课。不过，老师一开口，倒是让王敏有点吃惊，他的口才的确很好，举了很多情感上的例子，王敏想这也能用到银行业务中吗？王敏看着老师自信的样子，很想问："你自己做过这些业务吗？"但是看看周围，特别是后面微笑着的领导，心想算了，又把话咽下去了。

课程结束，王敏迅速给反馈表打了好评，急匆匆离开了办公大楼，她心想："这大周末的，总算可以休息了。"

要想把产品销售出去，需要关注三个方面：

1. 不同产品的不同销售方法；

2. 销售节奏与客户关系进度；

3. 客户经理的销售动力。

上述案例中，王敏的黄金、保险业绩都没完成任务。这两种产品的销售方法差异很大。

黄金包括工艺金、实物金和纸黄金三种。工艺金是可视产品，偏向艺术品属性，金价对它的影响相对较低，主要通过客户经理现场推荐，在现场促成销售；实物金也具备可视化特征，但属性是实物投资品，直接受到金价的涨跌影响；纸黄金则是数字化产品，适宜作为资产配置中一种方便的贵金属配置手段。这三种产品要求王敏对现场营销技能和资产配置理念熟练掌握，特别应注重销售的时间节点和客户买点。

保险又区别于黄金，看不见摸不着，客户的偏见大，因此客户经理除了注重现场沟通和专业知识外，还要关注销售节奏。

销售节奏，指客户经理要关注客户处于哪个购买阶段，自己该如何有针对性地推进销售。

先来看图 4-1——客户的购买阶段。

图 4-1　客户的购买阶段

除了简单产品，如存款、普通理财、卡类业务等，客户经理可以通过一次交流、快速完成销售外，银行中的基金、保险、私募等复杂产品，由于涉及资产配置，都需要经过一个销售推进的过程。

客户经理除了需要关注销售节奏，更重要的是要能够清晰认清客户和自己所处的关系阶段，如图 4-2 所示。

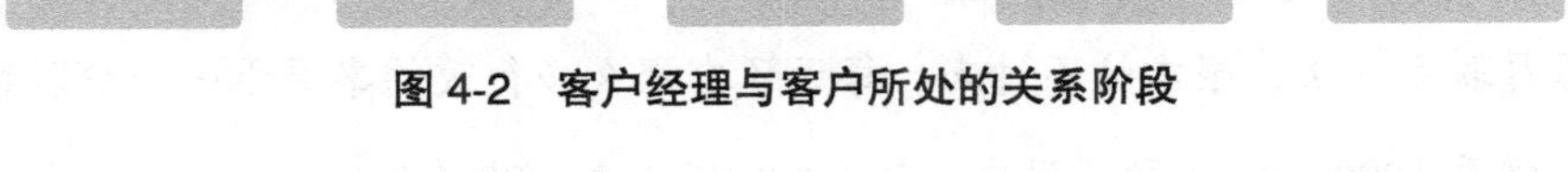

图 4-2　客户经理与客户所处的关系阶段

以王敏销售保险为例，她的问题在于：处于“信任期”的客户已经沟通完，她将“结识期”和“熟悉期”的客户提到“促成期”，由于不符合购买规律，所以被拒绝；而“维护期”的客户，貌似她也没有花时间做深度开发，所以也无法产生业绩。所以，银行通过安排产品和销售技巧培训无法解决她的业绩不达标问题，甚至，培训还会占用她的时间。

难道王敏不知道这个道理吗？为什么她总有一种急功近利的念头？

因为她的动力来自任务压力，业绩指标会驱使客户经理不得不“短视”，而销售任务的风向标又常变，就更让人疲于应对。在不断的KPI变化中，客户经理疲于应付，仿佛无头的苍蝇。

但是抱怨后还要回到现实，市场在发展，银行要适应，产品在变，人需跟得上，立足于这种动态的情况，王敏该怎么做呢？

关键就是要注重盘点客户，进而做好客户关系管理。

客户盘点

【案例：王敏的无可奈何】

客户经理王敏意识到，自己的老客户都几乎沟通遍了，这是一个巨大的隐患，所以，在经过“休眠客户激活”的培训后（见本书第二章《电话约访》），她加大了打电话的力度。可喜的是，她不但不再害怕打电话，反而喜欢上了和休眠客户通话。

但问题又来了：把客户约过来了，几次接触后，有的签单了，有的没有，后面该怎么做呢？要继续联络吗？要是每个人都联络，名下3000个客户，每人每月联系一次，根本忙不过来。每天还有那么多行政的事要干……少联络一点？联系1000个？也顾不过来。500个？还是多。30个？

王敏有一个姓赵的同学也在银行工作。两个人的情况恰好相反，王敏这边是客户多得管不过来，小赵那边则是没客户，因为她是新人，客户都是过去的理财经理挑出来给她的，当然，被人家挑剩下的，必然不是“肥户”……

两个人经常一见面就互倒苦水。

王敏需要对名下的客户进行分层（按资产量）、分级（按关系）和分群（客户画像）。

➲ 盘点客户：对客户分层、分级、分群

1. 客户分层：根据在行资产量（AUM），客户可以分为图 4–3 所示的四个层次。

大众理财，AUM 在 50 万元以内；

贵宾理财，AUM 在 50 万 ~300 万元；

高级贵宾理财，AUM 在 300 万 ~600 万元；

私人银行，AUM 在 600 万元以上。

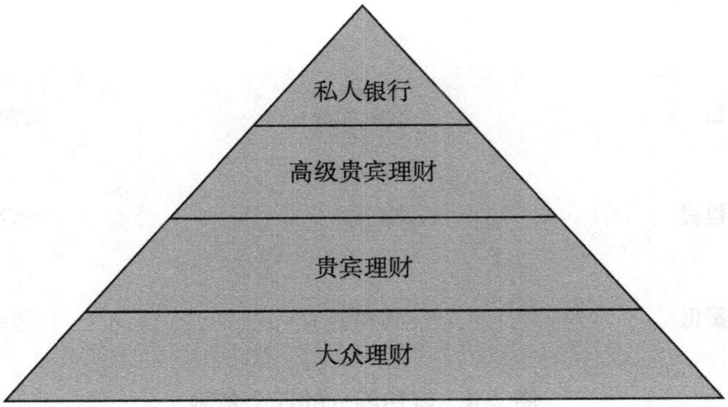

图 4-3　客户资产量分层

2. 客户分级：我们可以根据“产品覆盖率”来给客户分级。

通常情况下，产品覆盖率越高，客户对银行的贡献度就越高，反之，贡献度越低；产品覆盖率与客户经理和客户的关系紧密程度也成正比。

增强客户产品覆盖率，需要通过交叉销售实现。实战中有一些规律，例如对冲原则：根据资产配置平衡原则，客户投资了一个高风险产品（例如私募），对应地他则需要一个稳健的产品（例如保险），做到攻守相宜。

链式法则：部分产品之间存在递进关联，客户买了基金，后续很可能对股票产生兴趣，就存在券商开户的可能。

延展法则：根据销售心理研究，如果客户在办理一个产品的过程中对客户经理非常满意，他潜意识中会乐于尝试新产品或把产品和客户经理推荐给自己最好的朋友，这时候，客户经理需要抓住促成销售后的宝贵时机做新的推荐，并掌握转介绍技巧，快速获取新客户。

经过分层分级，客户总体上可以被划分为四个象限，如图 4-4 所示。

等级一的客户资产量和贡献度都很高，多由客户经理的铁杆老客户构成。客户关系管理的目标是保持温度，增加转介绍。等级一的客户需要客户经理重点维护。

项目	贡献度高	贡献度低
资产量高	等级一	等级二
资产量低	等级三	等级四

图 4-4　客户细分的四个象限

等级二的客户资产量高、贡献度低，存在流失风险，客户经理一定要深入了解他们。一部分客户不懂资产配置，习惯于重复购买单一产品，需要客户经理先对他们完成观念销售；另一部分客户则是在银行只买这种产品，但同时在别的银行配置其他产品，这需要客户经理通过沟通，让客户把资金转移过来。通常来说，等级二的客户是需要重点开发的客户。

等级三的客户资产量低、贡献度高。这部分客户和客户经理关系较好或自身理念很强。客户经理需要与他们共同成长，努力帮助他们赚到钱，并借助客户的信任度，完成功能性产品的销售任务，同时提高转介绍率。但是，一个有趣的现象是：等级三的客户，往往是客户经理们日常联系最多的，这合理吗？

等级四的客户资产量低、贡献度低，这部分客户有的是真没有钱，有的是钱在别处。通常，这部分客户多处在休眠的状态，客户经理需要合理分配精力，通过休眠客户激活电话对他们进行唤醒。

对客户进行分层分级后，客户经理接下来需要思考自己的精力怎么分配。

如果处于季度末，任务紧急，客户经理必须直奔结果，重点聚焦等级一和等级二的客户，前者促成率高，后者则有资金基础；如果时逢新考核季开始，客户经理必须制定对等级四客户的休眠激活策略和基于等级二客户的交叉销售计划，这就是“节奏经营”。

案例中，王敏名下有3000个客户，对客户进行有效分层分级后，她能否顾得过来呢？这还会受另外一个因素制约，即管理幅度。管理幅度，指客户经理能够在一定时间内，以一定频率联系到并进行有效管理的客户数量。

客户经理的标准日常管理幅度是多少人呢？

据某外资银行2010年的一项内部研究，财富管理业务客户经理的管理幅度是100人，一个季度内，能够做到密切联系（3次/月）的客户是50人，当客户量超过100人时，就要分户给新人。

国内的一些大银行，客户基数更大，客户经理数量相对更少，一个人名下数千个客户非常常见，在这种情况下，“一对一”的客户经理制如何行之有效地执行，需要客户经理在实践中不断总结经验。在明明有如此多存量客户的情况下，一些银行却常开展“行外吸存”等短期项目，这体现出客户管理经营工作的不周。

3. 客户分群：人以群分，形成不同客户画像。

如何对客户进行画像分析？可按照图 4-5 所示，从六个维度（并不局限）来给客户进行画像分析。

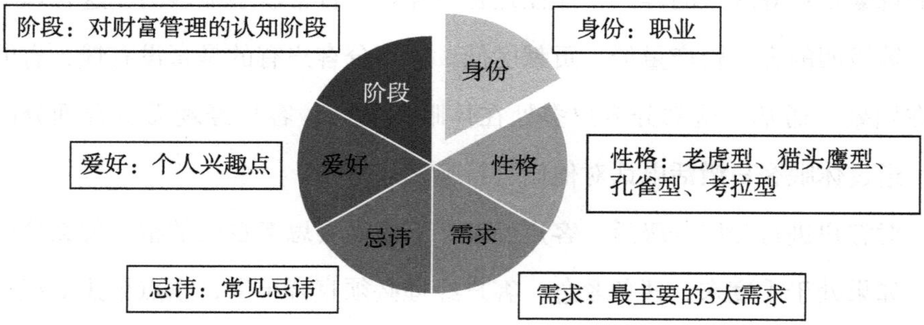

图 4-5 客户画像的六个维度

例如，在对客户的性格描述方面，可采用相关测评工具，从客户的沟通风格去判断，根据 PDP—沟通风格测试，客户常见可分为以下几种风格，见表 4-1。

表 4-1 常见的客户风格

客户沟通风格	对应策略	针对性促成话术
老虎型：自我意识强、不喜欢接受命令、率直、喜欢竞争。	老虎型的客户崇尚强大，通常用和他同类型或更强的人的案例会有效影响他们；同时强调决定权在其自身会令其有更好的感受。	1.“× 总，张总给自己的保额是 100 万，您比他多一些还是少一点？您自己决定！”（注：合规要求，为保护客户隐私，做如上话术，需征得张总同意才可以） 2.“一般员工起步在 10 万，中层管理者是 30 万，老总 100 万，× 总，您的身价您自己定吧！多少合适？”

（续表）

客户沟通风格	对应策略	针对性促成话术
孔雀型：关注别人对自己的看法，喜欢活跃的气氛，重视归属感。	孔雀型的客户喜欢讲话，引导他讲出购买的好处，并耐心倾听和肯定，之后简洁促成。	“谢谢您，王先生，刚才您说的我都没有想到，您对理财的理解从个人财务延伸到了社会层面，我之前从没仔细想过这个角度，真的让我学到很多。”
猫头鹰型：喜欢计算，重视专业性，墨守陈规，追求完美。	猫头鹰型的客户做决定的基础是大量的数据、计算、详尽的资料，给他们准备好这些；如果他们开始计算，辅助他、认可他，等他算累了，促成。	“陈大哥，我陪您算了一下午，基本上，您已经把我搞晕（笑）。这样吧，因为无论怎么算，它都在这里，也改不了。我相信您一定已经心里有数了，您要用它，我就帮您做好服务，如果您不用它，也谢谢您的分析让我学到了很多，我也变得更专业了，真的。”
考拉型：厌恶冲突、喜欢从众，不愿意主动做决定，喜欢真诚的氛围。	考拉型的客户不愿意自己做决定，他们通常会受到别人的影响，并且需要在决定时客户经理成为其潜在的主心骨，因此客户经理在促成时要简练、干脆、强势。	“阿姨，保险是迟早都要买的，要趁身体健康，还可以买，今天是个好日子，我们这还有油赠送，您看这个油，今天就应该送完了，这还不是转基因的油，吃着放心！” “我就是买的这种！”

将六个维度细化后，客户会形成典型画像。对每一种客户画像都有与之聊天的切入点（典型问题），资产配置的痛点（理财问题）和代表人物（类比的对象），如表 4-2 所示。

表 4-2　典型客户的画像

客户画像	典型问题	理财问题	代表人物
全职太太	1. 孩子 2. 家庭 3. 养老	1. 健康规划 2. 养老规划 3. 家庭财务安全	石女士
外企金领	1. 能力 2. 家庭 3. 健康	1. 健康规划 2. 理财习惯 3. 投资目标	曲先生 方小姐
专业人士	1. 发展 2. 商圈	1. 健康规划 2. 理财目标 3. 圈子整合	孙先生

对客户分层分级，是从非常理性的业务角度出发：考虑谁的投入产出比更好，谁能帮我完成任务；而对客户的分群，形成客户画像，则进入感性范畴：每种客户都是活生生的，特点鲜明，客户经理只要记得我喜欢他们，就不会有任何恐惧，就愿意去给他们打电话、聊天和日常联络。

通过对客户分层分级分群的盘点后，客户经理就要开始和他们联络，这时又会遇到什么呢？

客户关系管理

【案例：王敏的没话找话】

客户经理王敏在系统里，对客户进行了分层分级。她从任务出发，首先选出了对自己业绩帮助最大的20个客户。这20个人里面，10个是家里的亲戚，8个是父母的朋友，关系很稳定，平时也不用太维护，关键时刻可以帮大忙；另外两个客户不是熟人，是她通过联络慢慢培养起来的，这也是王敏的骄傲。

进一步，王敏发现20个大客户中，有8个亲戚属于层级二，纯帮忙型，把钱放在行里就不愿意来了，平时没事也不联络，其他12个属于层级一，有钱又顺从，几乎让买什么就买什么，这些客户是自己生存的基础。

接下来她又列出自己平时联系最多的客户，有30个。她发现这30个客户中，小部分在层级一，大部分在层级三。在层级一的是自己的二叔和二婶还有两个姑姑，他们从小看着自己长大，自己也经常到他们家串门吃饭；在层级三的客户则都是自己的铁杆朋友，有高中同学、有大学同学，让做什么产品就做什么产品，但是受年龄所限，资产量太小。王敏总结：这些人自己最喜欢，即使不是为了卖产品，也会常打电话联系。

接着，王敏又开始饶有兴趣地继续按现在持有的产品对客户分类：买过保险的、买过黄金的、买过基金的……

这样分过几次之后，王敏发现，客户分层和分级很有实用价值！但自己的问题是：每个月联络最多的也就是那30个自己最喜欢的客户。自己合计有3000多个客户，如果要从现在的30个熟户发展到100个，就需要在筛选之后联系，但不管是休眠客户激活，还是熟客的再开发……打电话给他们说啥呢？说业务，客户觉得我在推销，不说业务，突然之间，来个电话，有啥可聊？王敏尝试没话找话地打电话，但总是说不了几句对方就不想说了，自己也觉得尴尬。

王敏觉得客户关系管理最难的是：与客户没得可聊或者聊得没劲！

➲ 案例分析：和客户联络的理由是什么

客户的需求，就是客户经理与客户最合理的接触理由。客户有两条需求线，如图4-6所示。

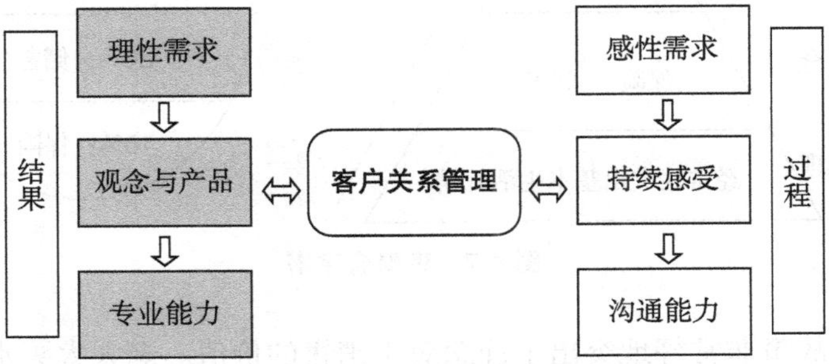

图4-6　客户的两条需求线

客户的**理性需求**，指客户对财富管理（包括资产配置）全过程的要求，从观念植入到产品配置的每一步。

客户的**感性需求**，指客户对被关注、关心甚至是关爱的需求。

第一条路线：通过满足理性需求联络客户。

客户经理面对客户会讲“资产配置”，常见的话术是：“从资产配置的角度，您应该配点（什么资产）……”如果客户细问“什么是资产配置？”，客户经理就会拿出理财金字塔（见图 4-7）、标准普尔模型或者帆船模型开始解释，客户要么听得耳朵已经生了茧，要么觉得这些理论“关我什么事？”，然后就直接问产品收益。

理财金字塔图上呈现的是资产配置的逻辑与方向，就是该怎么做，但客户首先希望听到的不是 How（怎么做），而是 Why（为什么）。所以，客户经理要会和客户谈理财理念，深入浅出。为什么要对客户讲理念呢？

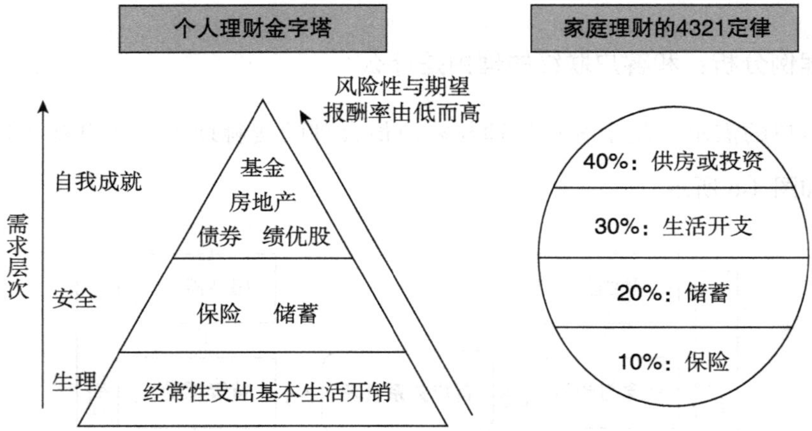

图 4-7 理财金字塔

下面的故事非常好地突出了理念对于销售的价值。老太太买水果的故事，是销售培训课上老师常讲的，用来展示销售人员沟通中提问的重要性，下面是经我升级为“理念销售”的新版本。

一天早上，一个老太太去早市，她路过一个水果摊，老板热情地招呼她："阿姨！早啊！您看水果吗？到我这来看看啊，什么都有！都是新鲜的！"（主动营销，创造良好的第一印象，可参考第三章）老太太一想：看看去！就走过去。

"你这有李子吗？"老太太问。（客户是带着需求来的。）

"有啊！我给您搬出来，您看看，我这儿的李子都是新进的，又大又甜又软，这市场上头一份！"老板很热情，赶紧搬出一箱李子。（老板的思路开始跟着客户走了。）

"噢！"老太太拿起一个摸了摸，又放下，点点头，左右看看，准备离开。

"阿姨！咱这李子真的是质量最好的了，您买我给您优惠！"老板挽留。

"噢，谢谢，我再看看吧。"老太太没停下脚步，还是转身离开了。（客户为什么要走呢？）

老板很是茫然和失落，心想："我这李子这么好，这老太太眼神不行，或者就是没诚心买，随她去吧！"（销售失败后人都会归因。）

老太太继续走，很快被另一个摊主招呼到了摊位前，也是一样的热情。

"阿姨，您大清早的在找什么水果啊？我帮你看看吧！"

"噢，你这有李子吗？"

"有啊！您看，在这儿，有三种，大的小的都有，酸的甜的都有，您是自己吃还是准备送人啊？"（这一家老板销售前的准备做得更充分，并且在沟通中，运用了提问，于是占据主动。）

"噢，我不是自己吃，是给我儿媳妇买的，她想吃酸点的。"

"哇！给您怀上大孙子啦？大喜事、大喜事，那我可一定给您优惠，沾沾光！"（这个赞美直接挂钩到业务，双方交流温度上升。）

"哈哈，谢谢，谢谢！"老太太心情愉快！（客户内心的陌生感、距离感一扫而光。）

“那您得看看这个，这个比较酸，可能她最爱吃！您自己尝个，别多了，小心点牙倒了。”

“哈哈哈！小伙子你真懂事儿！”老太太很高兴。

10分钟后，老太太拎着一包李子准备离开了。她很高兴，今天早上这么早赶早市的原因就是想给儿媳妇买点酸李子，小贩还想再卖她一点别的，但是老太太觉得家里有不少了，就婉拒了。

“阿姨！”

老太太正往家走，突然听到路边好像又有人在喊她，

“啊？”她一转头，第三个水果摊摊主在和她打招呼。

“阿姨您好啊！”

“好！怎么啦？”

“阿姨！来我家看看吧，我看您是买水果吧？我这什么都有，价格准保最好！”

“噢，谢谢你，小伙子，我都买好了！”（老太太没有需求，即使有更便宜的出现她也不想看。）

“没关系啊，阿姨！您今天买了，以后又不是不来了？先认识认识，一回生两回熟，以后来我也给您优惠，大清早的，也算您帮我我添点人气不是？您随便尝，绝不朝您要钱，你看看我这的水果，特别好，我打赌您以后肯定喜欢到我这！来看看吧，阿姨！”

老太太被他的热情感染了，一想，我现在也没事，他说的也有道理，看看就看看。

老太太刚走近水果摊，摊主张口就问：“阿姨！要是我没看错，您袋子里装的是李子吧？”（第三个摊主的观察力非常强。）

“对啊！你们年轻人眼睛真准！”

“但是，阿姨，如果我看得准，我得提醒您老了，这李子可有点硬啊，您吃起来要注意消化！”

“噢！小伙子，谢谢你！这不是我自己吃，我是给儿媳妇买的。哈哈！”

“哇，明白了，明白了，恭喜您！阿姨！酸儿辣女，大孙子吧？”

“谢谢谢谢，孙子孙女儿我都喜欢，哈哈哈！”（摊主的反应极快，把看到的转化为想法，和客户建立了有温度的桥梁。）

“阿姨，最近到我这买酸李子的孕妇可不少呢？您知道为啥孕妇都喜欢吃这个吗？”

“啊！就是嘴里想这口呗，我年轻时也一样。”

“阿姨！除了口味之外，您知道吃李子对孕妇还有什么好处吗？”

“啊？！这个我不知道。”

“有很多好处呢！孕妇吃李子能预防孕期贫血，还能降压、止咳，这都有科学依据，因为它里面富含维生素 B_1，还有铁。”

“喔！这样啊，还真不知道。”

“是啊，阿姨，您平时给儿媳营养都够吧？”

“够啊！天天大鱼大肉吃着！想吃什么给她做什么。”

“那您可一定要让她注意胆固醇不要超标，我家媳妇怀孕的时候，大夫专门叮嘱，胆固醇太高有早产风险。”

“啊……那吃点清淡的？”

“对，要多补充维生素 C！”

“你年纪轻轻的，怎么懂这么多？”

“哈哈，阿姨，我家孩子都 3 岁啦，而且到我这买新鲜水果的孕妇很多，有时候我也听她们讲！这叫孕妇的维生素营养综合方案。”（摊主提出了一个概念。）

“噢？……孕妇的维生素方案……那都怎么补充啊？”

“阿姨，您儿媳现在还上班吗？”

“还上班呢。”

“出差多吗？”

“现在不多了！”

“嗯，如果出差多，可以到那边商店里买一个孕妇用的维生素营养综合片，补充补充，很方便携带。”

“吃药啊？尽量少吃！还有呢？你是不是要让我买你水果了？”（客户时刻具备对抗营销的警惕性，即使是老太太。）

“哈哈，阿姨，水果的确可以，比如维生素C，你就得看猕猴桃。但是我得忠告您：不能随便买，我觉得您今天李子买的有点多。”

“啊？！为啥？”

“因为孕妇用水果补充维生素有讲究，一个是新鲜，一个是适量！什么东西过了，就不是好了，您说是不是？”

“嗯！”

“所以，您今天买的李子，根据我看孕妇们吃的量，一天吃完，太多，寒性太大。这是三天的量，但是，如果放到第三天，就不新鲜了。”

“那……”

“有个原则：随吃随买！但是买就买新鲜的，新鲜的不能是喷过防腐剂的，这您得会挑！”

“嗯，你说的对，那我该怎么挑呢？”

……

半小时后，除了刚才买的李子之外，老太太又挑了一小袋猕猴桃、两个芒果，还有一袋子又甜又软的李子，让小贩帮着送回家了。

思考题：

1. 老太太为啥又买了猕猴桃和芒果？

2. 老太太明天还会继续光顾第三个水果摊吗？

3. 为什么老太太又买了一袋甜李子呢？

4. 第三个摊主是为了营销，忽悠老太太多买水果的吗？

第一个摊主是在推销，第二个是销售中增加了提问技巧，第三个则是真正的顾问，他懂得站在高处推荐理念！正确的理念会让客户不只是买产品而是知道为什么要买、怎么买，并最终真正为自己的选择负责。

回到银行，面对客户，“财富管理”和“资产配置”的理念客户经理该怎么讲呢？

“财富管理”的最终目的是为了“人”，即让人拥有美好生活；

“资产配置”则是过程中如何管理“钱”，即如何让钱又稳又多。

“钱”是冰冷的，提到钱就自然会开始谈收益，而“人”是有温度的，聊起生活人们则容易眉开眼笑，没有钱难有幸福生活，但一味追求金钱又容易让人陷入误区。在和客户沟通这两个观念的时候，一定要注意到两者之间的差异和联系，要用故事讲出来。

理论上财富管理包含如下五步：

第一步，客户首先要建立现金流，金额为3~6个月的支出，以保证日常花销，这笔钱可以放在存款、短期理财或者货币市场基金中，数量不多、使用灵活；

第二步，则是保护这个现金流，一旦发生突发风险怎么办呢？比如大病和意外、身故等，就需要做保障型保险的规划；

第三步，是规划重大生活目标的所需支出，即结婚、子女教育、养老等必然支出。这笔钱额度大、还要稳定，最关键的必须提前准备。可以通过基金定投、贵金属定投、养老保险、人民币理财等产品组合实现；

第四步，是管理和规划个人信用，涉及产品是信用卡、无抵押或有抵押贷款等；

第五步，投资，根据个人偏好和风险承受度来购买高风险产品，博取高收益。

以上五步是理财标准步骤，客户经理在讲述时，可以用典型客户画像的故事来切入，也可以结合客户的生活展开对话，让客户开始自己检视自己：五个步骤已经做了哪个，还需要做哪个，需要做出什么调整等。

财富管理是个动态的过程，因此，从最开始，客户经理就要把相关理念植入客户的观念中，并和客户约定进行定期检视。一般是三个月或半年，客户经理就要和客户一起坐下来，看看产品的表现或者整体资产现状。

除了和客户约定定期检视，日常还会有很多随机业务发生，如第二章里讲到的：产品到期了、卡片要升级、新的针对性产品出现了等都是与客户接触的理由。

热点事件也会刺激客户的情绪，让他们渴望听到专业人士的看法。例如，A 股市场这段时间大热或大冷，该怎么跟上形势？要不要做基金转换？是赎回还是抄底？客户经理此时的一个电话，或许正是客户所需。只是这时客户经理必须重视一点，就是能够讲出宏观或微观变化对客户的影响。

综上所述，客户经理通过“理念销售”，与客户约定建立定期检视，再配合新业务和热点事件，客户经理就有了足够的理由去联系客户。

第二条路线：通过满足感性需求联络客户（见图 4-8）。

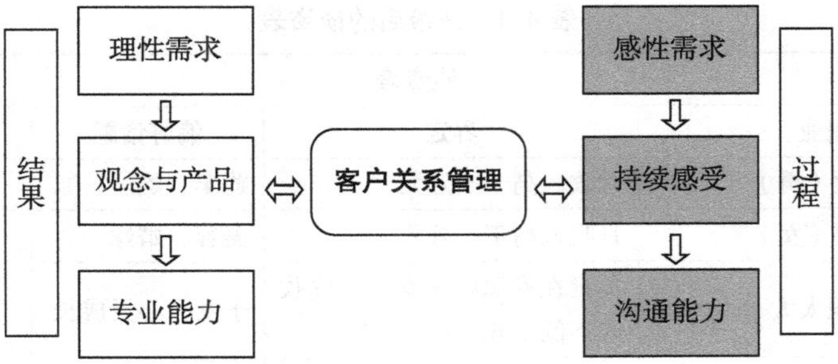

图 4-8　客户的两条需求线

感性客户关系管理的目标是温度，即别让客户觉得太热、有压迫感，也别让客户觉得太冷转身选择别的银行，恰到好处的温度是让自己存在于客户的生活中。

感性路线不是和客户谈产品，甚至可以一点都不谈业务，重点在让大家开心，相处愉快！由于客户多种多样，和客户接触的“理由”就要因人而异。“理由”从客户的不同群体特征中来，所以客户经理平时要多注意积累某一个客户类群的偏好话题，如表 4-3 所示。

表 4-3　不同客户类群的偏好话题

谈资表				
年龄段	偏好话题（男）	代表人物	偏好话题（女）	代表人物
20~30 岁	游戏、旅游	张先生	婚恋	赵小姐
31~40 岁	职业发展与创业	李先生	子女教育	王小姐
41~50 岁	保健、投资	朱先生	美容、健身	刘女士
51~60 岁	商圈、子女婚嫁	王先生	子女婚嫁	陈阿姨
61 岁以上	养生、晨练、子女联系	田先生	养生、子女联系	韩阿姨

“谈资表”一般会在保险业销售培训中用到。根据个人实践，我增加了一个项目——“代表人物”，它的作用是：你可以立刻在脑海中找出这一类群客户的典型人物进行对标，然后给新客户讲老客户的故事，如表 4-4 所示。

表 4-4 升级后的谈资表

谈资表			
职业	界定	偏好话题	代表人物
金领（男）	月收入高于 5 万元	购车、购房	曲先生
金领（女）	月收入高于 5 万元	美容、婚嫁	方小姐
全职太太	负责在家照顾子女，家庭收入不低于 60 万元	子女、心灵成长	石女士
自由职业者（专业人士）	律师、培训师、诊所医生	职业发展、商圈	孙律师
私企老板	企业营业额	员工管理	王总
外企高管	收入不低于 100 万元	职业规划、商圈	Peter
退休老人	退休	子女、养生	钱伯伯

上面这个谈资表是根据职业进行的客户分群。典型客户画像来自客户经理的实际工作环境，比如很多银行都会有一种大客户——“拆一代”，你觉得他们最偏好的话题是什么呢？

除了谈资表，客户经理还有和所有客户联系的共性理由，例如节假日、生日、孩子的生日等。这些客户经理都不能忘，这也需要有良好的自我管理能力，要把这些记在自己的日程表上（具体操作，见第五章《客户经理的自我管理》）。

现象交流

在做银行辅导过程中，我发现，从理性层面，多数客户经理和客户仅限于业务办理层面的接触；在感性层面，如果有系统提示，客户经理也会给客户发生日祝贺短信，可是多数情况下，连客户经理自己都会感觉与客户的交流很机械。

银行营销部门进行过程管理，对客户的触达频率有强制考核要求，但是客户经理们依然存在心理障碍。解决这个问题的根本在于客户经理的定位。

第一，客户和你之间的关系定位是什么？你是只为了业绩，还是可以在接触中从客户身上感受到了其他价值，比如学习不同年龄段人的优点，这将直接影响你接触客户的心态。

第二，如何提升我的自信？客户经理常感觉自己气场不足，可以尝试把客户拉入你强势的领域，转换彼此间的心理定位。

有一种观点值得读者们深思："客户经理和客户之间只存在业务联系，其他不必有任何交集。"你是否认同这个观点？

➲ 总结

在对银行的一线咨询中，每当帮客户经理们梳理完理性和感性这两条接触线后，我会问一个问题："在理性线中，你能想起哪个客户是你做得很好的；在感性线中，你哪个做得最好？"多数客户经理答不上来。最后客户经理们反思：自己一直在忙，而忽视了停下来思考，这使得自己变成了一个陀螺，从而陷入"忙于盲"。要想解决这个深层问题，唯一路径是"自我管理"。良好的自我管理为客户关系管理奠定基础。

第五章

客户经理的自我管理

对客户经理而言，自我管理是万事之首。

【案例：李蕊的时间管理】

李蕊进入银行工作6个月了，今天她购买的书到了。她想提升自己的时间管理能力，因为感到自己时间管理上问题太多了：每天领导要求打30个客户电话，自己总是抽不出空。白天事儿很多，忙完了就快到下班了，下班还能给客户打电话吗？而下班后，只要不离开办公室，杂七杂八的事并不比白天少，经常突然想起还有个数据当天必须得统计发出去。就这样，东一榔头西一棒子中，一个星期就过去了。虽然每天忙忙叨叨，业绩呢？却不见起色。

李蕊开始对自己产生极大的怀疑。

领导建议她多向老同事请教，所以，她一方面请教老同事，一方面赶紧买书学习。

李蕊重点关注的老同事是资深理财经理刘姐，她注意到刘姐从来都是工作井井有条，每天不慌不忙，于是李蕊把自己的困惑向她讲了。刘姐安慰她："你可能是因为进来后一直在调岗，没固定下来，还没摸到规律。"李蕊一想，也对，自己刚进来时站大堂，现在做低柜，不到半年，已经换了两个岗位。接着，刘姐和她分享自己的三个做法：第一，每天早点来，这样会有充分的时间来计划一天的事；第二，要有一个日程表，每天做哪些事，随时记着；第三，要总结工作中的规律，比如客户电话邀约的时间，上午11点半后和下午5点半左右一般很合适，所以，最好固定在这两个时段打电话。

李蕊觉得刘姐的分享很无私也很实用，就按照她的方式去做。一个月过后，她的内心却充满了沮丧感：不是方法不好，是她感觉自己不争气，比如早上总起不来，想好了每天7点半到，但很难做到；每天的日程的确在用工具本记，开早会也看，但自己并不喜欢，总感觉是为了应对领导抽查而写的作业；至于上午11点半和下午5点半打电话，这时候客户老是不期而至，来了难道不接待吗？怎么办呢？

……同样在做一件事，为什么我做不到呢？李蕊对自己的怀疑加深了。

李蕊性格偏内向，不好意思老是追着刘姐问，就从网上购买了四本关于时间管理的畅销书。

书里说时间管理首先要对自己做的事进行分类：重要紧急、重要不紧急、不重要但紧急、不重要也不紧急。

李蕊尝试把工作做了如下的分类。

重要紧急：领导交办的事、客户急需办理的业务。

重要不紧急：客户开发和联络。

不重要但紧急：开会、上洗手间。

不重要也不紧急：吃饭。

书中还提到"番茄时间管理法"：一个番茄时间定为30分钟。其中，专注做事25分钟，休息5分钟。这也是李蕊从来没有听过的，她觉得很有意思。

一周后，第二次自卑来了，原来李蕊把四本书各读了一章，就放弃了，她感觉自己读不进去……而且不太好用。“是不是我自己的原因？”她很害怕这个念头。

周末晚上，毕业后都进银行工作的同学们聚了聚，李蕊聊到自己的苦恼，没想到的是竟然得到了大家的共鸣，五个同学都有同样的感觉：每天忙得要死，没有成就感，看不到希望……

思考题

1. 老同事刘姐的经验为什么李蕊无法应用？

2. 时间管理方面的课程或者书籍中的内容如何真正落地？

【案例：李蕊的业务技能】

李蕊在竭力解决时间管理的问题，由于总找不到方法，和别人讲又担心被理解为发牢骚……她分析一定是因为自己还是新人，业务技能还不熟练。

李蕊这么想是因为周三发生了一件事。

当天上午10点，李蕊帮同事站大堂，这时来了一个客户咨询基金。

客户张先生今年50岁，前几年买基金被套住了，这次来是想了解一下现在基金市场的情况，看看有没有办法解套。

李蕊精神抖擞，因为最近A股市场激进，早会、晚会同事们都在交流市场情况、分析各只基金的表现。她胸有成竹地向张先生提出三种方案，张先生很认可。万万没有想到的是，基金聊得正好，张先生突然提出了另外一个问题：“你们卖保险吗？给我讲讲。”

从基金突然跳到保险，李蕊一时有点蒙，她只能询问客户为什么考虑保险。张先生说自己在筹划养老的问题，想看看除了基金是不是也该买一些保险。李蕊对保险不熟练，她抬眼望去，最懂保险业务的同事陆婷又没有在视线内，就只好硬着头皮先找些资料给张先生。

由于平时对保险不感兴趣，情急之下，她怎么也找不到资料。

张先生等了半天，有点不耐烦，就离开了，李蕊非常尴尬。

思考题

1. 银行可以做全面资产配置，理财产品众多，作为新人的李蕊该如何快速掌握各种业务？

2. 李蕊入职后接受过多次保险和基金的培训，为什么关键时刻没有发挥作用？

【案例：我的暴脾气】

最近又有人说李蕊年轻，李蕊知道后不是很高兴，她认为这是在暗指自己不成熟。

事情起因是李蕊最近情绪失控，对一名客户发了火。

那天中午，李蕊正在工位上整理客户资料，突然听到有人喊："有没有人？！有没有人？！"抬头一看，是一个客户在四处找人。大堂经理不知道在哪里，李蕊就忙站起来迎过去说："您好，有什么我可以帮您的吗？"

"你们这银行怎么回事，到处找不到人？！"

"对不起，可能大堂经理临时走开了，有什么我可以帮您的吗？"

"我在这儿坐了半小时了，你们窗口开这么少，你看多少人在排队！"

"您别生气好吗？"李蕊最近烦心事一堆，她平时就看不惯粗鲁的行为，所以脱口而出也带了一些情绪。

"生气？不是你们他妈的这么慢，我会生气？！看看你们开几个窗口，就一个，这儿多少人在排队？！你们干什么吃的？！"

理智告诉李蕊，不能和客户争执，但是客户喋喋不休，"请你不要骂人，我再说一遍！"李蕊突然变得愤怒。

周围的人围了上来，有的观望、有的指指点点，李蕊没有听清太多，但是隐约感到站在客户那边的居多，她自己感到委屈和愤怒。

幸好这时候，刘姐过来了，赶紧把李蕊拉开，向客户道歉……客户不依不饶，非要投诉。

风波平息后，李蕊内心却充满了挫折感，最让她难过的是：这件事发生之后，她非但没有被安慰，还感觉同事们看自己的眼神都和从前不太一样了。

思考题

1. 李蕊参加过有关客户服务和投诉处理的培训课程，为什么在实际工作中，没能产生效果？

2. 理智告诉李蕊不可以和客户发生争执，为什么她还是无法控制情绪？

案例点评

以上三个案例中的主人公李蕊，是很多银行客户经理的缩影。李蕊代表着入职时间不长的新员工，但近些年银行都在频繁转型，原有工作节奏被打破，新KPI常有变化，很多富有经验的客户经理同样也会感觉自己时间管理混乱、业务沟通不畅、情绪管理不当，问题越来越多……

这些问题交织在一起，得不到有效解决，一次次打击着李蕊的自信心。

这是时间管理上的问题，还是营销技能中的问题？这是员工的心态问题，还是领导的管理能力问题？人力部门为此烦恼，分别采购了《生命动力》《第六代时间管理》《新生代员工引导》《压力调节与情绪管理》等课程，但实践表明，往往热闹一阵子后问题依然在继续：新员工一年左右流失，老员工士气不振……

我们穿透表象，这些现象的底层问题是：**人要学会自我管理！**

善于自我管理的人，时间观念清晰、情绪稳定、做事有次序，能够顺应环境，让自己始终处于良好的状态中。

状态是一个人精、气、神的综合体，是“微环境”和“自我管理”相互作用的产物。

什么决定着人的状态？个人能量的充足或缺失。在本书第三章《销售状态》模块中讲到过，如果客户经理休息好了、提前做好预案演练，在面对客户时发挥就会好，这些不同维度的习惯能够使人能量充足。

所以，自我管理决定着一个人的状态，状态的底层是能量。自我管理的终极目标是建立一个人自身能量的良性循环。

一个人的能量来源，如图 5-1 所示。

1. 来源于“过去”的能量

过去的成功体验会带给一个人无穷的信心，这就是源于“过去”的能量。每当我们回顾自己的成绩，特别是那些克服困难取得的成果，内心的勇气和力量就会再次升起。所以，客户经理处于忙碌状态时，如果能够定期停下来进行总结与回顾，就会给自己源源不断的能量补充，帮助自己战胜暂时的困难，完成从青涩到成熟的转变。

对过去的总结与回顾要基于发生过的事实，如果拥有良好的记录工作日志习惯，你就不会丢失自己已经创造的财富。

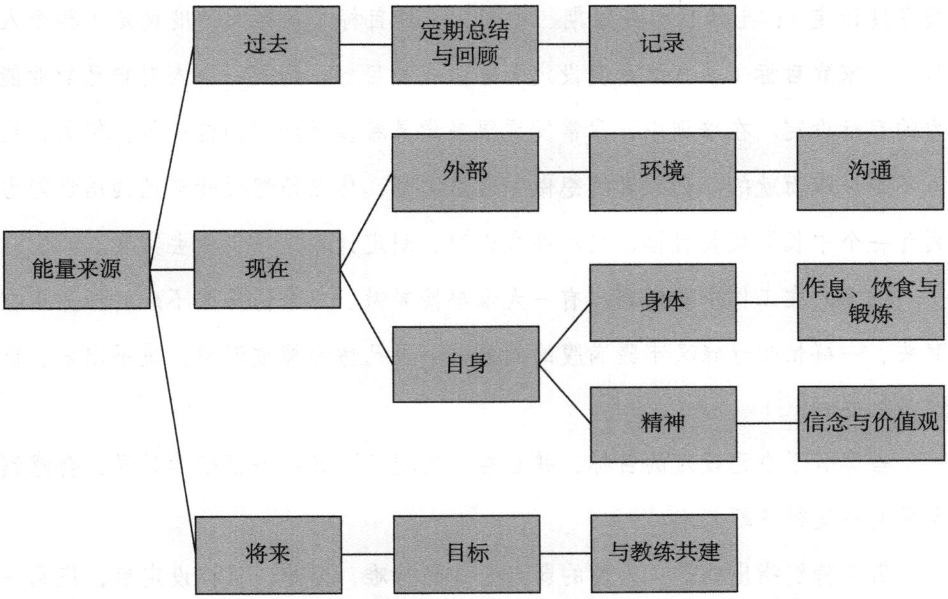

图 5-1　一个人的能量来源

在对团队的管理中，管理者会要求每个客户经理填写工作日志。虽然这样的目的是检查活动量，以便于管理，但是对于客户经理个人来说，这有助于养成良好的记录习惯。

2. 来源于“将来”的能量

来源于“将来”的能量由理想或者个人的目标带来。有些银行客户经理对工作很被动，没有动力，根源往往是没有思考过自己的理想，也没有小的目标驱动。

客户经理的目标常被理解为是上级分配的任务，这只是绩效上的目标。对一个人来讲，目标除了工作目标之外，还应有生活目标、成长目标等，多层次且多元的目标会让一个人工作生活平衡起来，充满朝气。

日常中，工作目标、生活目标、成长目标这三类目标对客户经理最为重要。其中，工作目标又分为业绩目标（从结果角度设定）、活动量目标（从过程角度设定）；生活目标分短期、中期、长期目标（从时间角度设定）和个人目标、家庭目标（从主体角度设定）等；成长目标，则是一个人对自己职业能力的目标设定。在培训中，我常发现很多学员希望做培训师这一行，但是，这也不是一蹴而就的。如果真的想做一名培训师，你必须把提升自己的培训能力列为一个中长期成长目标，之后寻找资源、制定计划，一步步去实现。

很多人在工作中会感到：有一大堆事情要做、一个仿佛完不成的任务压在肩头、一群忙忙碌碌又牢骚满腹的同事……自己仿佛掉进泥沼，跳不出来。这该怎么办呢？

当你有了自己设定的目标，并且在“实现了”第一个目标的时候，会感到世界突然变得晴朗起来。

需要特别指出的是：人性的弱点是知易行难，因此，目标设定后，找到一个教练或者良师益友来监督和支持自己，会有助于目标的实现。（可参考本书第八章中“深度教练”的介绍）

3. 来源于“现在”的能量

“现在”的能量主要受“外部”与“自身”影响。

“外部”，指人所处的环境，包含“微环境”（你可以影响或改变的环境）和“大环境”（你难以影响或改变的环境）。有的客户经理常感觉领导不喜欢自己、同事也很鸡贼……于是自己变得很消极；与之相对，如果客户经理总是感到领导与同事如同亲人一般，每天其乐融融，就会干劲儿十足。

工作环境中有两个重要要素：一是以绩效考核为主干的激励制度；二是整体文化氛围。二者都是客户经理个人无法改变的，因此从自我管理的角度来说，客户经理要把侧重点要放在自己可以控制和影响的地方，即放在沟通上。在沟通中避免被误解，可以极大地减少能量的消耗；沟通顺畅，得道多助，能量又会源源不绝地流进来。

对于一个人的能量补给，与“外部”同时发生重要作用的是“自身”，包括身体和精神两个方面。一个人身体不舒服时，状态就不会好，销售状态随之不好（参见第三章第一节“销售状态”）。

所以，客户经理做自我管理，首先必须重视自己的身体。与身体健康对应，精神是另一个方面。没有正确的信念和价值观，一个人容易颓废、麻木，注意力无法集中，能量无法聚焦。

什么是信念？即一个人认为事物应该是（或不是）什么样的，一定是（或不是）什么样的，必须是（或不是）什么样的。

什么是价值观？价值观是指一个人和其所作所为对周围客观事物的意义或重要性的总评价和总看法。

例如，案例中李蕊之所以对银行工作产生心理落差，是因为在她最初的设想中，银行工作应该是：轻松、高大上、赚钱容易等，而现实中与假设的差异巨大。

李蕊和客户发生冲突的时候，客户爆了粗口、喋喋不休，李蕊忍无可忍，最后针锋相对，这是因为在她的价值观中，爆粗口是不礼貌的行为，是对自己的冒犯，必须要通过制止来维护自己尊严，在那一刻这是最重要的事。

换言之，如果李蕊从最开始就没有对银行的工作抱有幻想，如果她能够了解社会上比校园中复杂得多，客户爆粗口的背后也存在多种客观原因，面对问题时，处理方式或许就会好得多，状态也会大有不同。

那么，李蕊到底可以应用哪些具体方法来进行自我管理呢？

客户经理的自我管理实践

李蕊听了《自我管理》的课程之后，立刻开始实践。

➲第 1 步：梳理头绪

李蕊首先找到一个质量很好的空白本子，作为自我管理的工具。她在第一页上画了一个平衡轮，以“能量”为中心，将影响因素全部列了进去，她想到了 8 项，如图 5-2 所示。

图 5-2　影响个人能量的 8 个因素

对于这 8 项，她设定了分数标准，1 分是最差，10 分是完美。

➲第 2 步，设定目标

现在是 2021 年 10 月 22 日，马上就要到 2021 年 11 月，李蕊将平衡轮里的 8 项作为 11 月份的目标，梳理在另外一页空白纸上。

> **2021 年 11 月目标与计划。**
>
> （1）收入：2 万元（税后）；
>
> （2）锻炼：10000 步 / 天（15 天）+ 游泳 5 次；
>
> （3）作息与饮食：晚上 11 点准时入睡（20 次）准时吃饭（20 天）；

（4）户外：1 次；

（5）学习：看《身体语言密码》这本书并做笔记；

（6）家人：每 3 天给爸妈打一次电话；

（7）朋友：深聊 5 次；

（8）工作进步：整理两种客户群的资产配置典型客户画像案例。

➲ 第 3 步，情绪管理

她在另外一页上，写下了以下内容。

最重要的人：

爸妈、爷爷奶奶、二叔二婶、三叔、姐姐

王言、石丽雯、石兴、王静涛

Victor、王教练、苏老师

➲ 第 4 步，时间格式化

11 月有 5 周，李蕊亲手在本子上用尺子画出了 2021 年 11 月的 5 个星期，并从周一到周五分别作了标记。之后，她把 11 月已经有安排的事件和客户、朋友的生日标记在了上面。并根据目标设定，在每周下面列出了当周最重要的 1~3 件事，如图 5-3 所示。

星期三	星期四	星期五	星期六	星期日	星期一	星期二
10月27日	10月28日	10月29日	10月30日	10月31日	11月1日	11月2日
星期三	星期四	星期五	星期六	星期日	星期一	星期二
11月3日	11月4日	11月5日	11月6日	11月7日	11月8日	11月9日
星期三	星期四	星期五	星期六	星期日	星期一	星期二
11月10日	11月11日	11月12日	11月13日	11月14日	11月15日	11月16日
星期三	星期四	星期五	星期六	星期日	星期一	星期二
11月17日	11月18日	11月19日	11月20日	11月21日	11月22日	11月23日
星期三	星期四	星期五	星期六	星期日	星期一	星期二
11月24日	11月25日	11月26日	11月27日	11月28日	11月29日	11月30日

本周安排：张丽生日、李总来访。

本周重点：（1）打100个电话；

（2）出去玩，户外。

图 5-3　日程安排记录卡

➲第 5 步，记录与计划

从 11 月开始，李蕊养成了一个习惯：每天早上一开始工作就打开本子，将当天所需要做的事列在本子上。每做一件之后，就打个对勾。

把随机发生的事情也随时记到页面上，寥寥几笔。

晚上下班前，再回顾一下一天中的事情，补充记录。

➲第 6 步，月底总结

在 11 月月底，李蕊找时间（1 小时左右），自己对月初的 8 项目标逐一进行了评估。

2021年11月目标与计划。

（1）收入：2万元（税后），实际收入：1.9万元，分数：9.5，

（2）锻炼：10000步/天（20天）+游泳5次，实际达标15天，游泳5次，分数：7.5；

（3）作息：晚上11点准时入睡（20次）准时吃饭20天，实际达标准时入睡15次，准时吃饭21天，分数：7.5分；

（4）户外：1次，实际达标1次（水泉沟），分数：10分；

（5）学习：看一本书《身体语言密码》并做笔记，达标程度：9分；

（6）家人：每3天给爸妈打一次电话，达标程度：8分；

（7）朋友：深聊5次，实际深聊4次，分数：8分；

（8）工作进步：整理2种客户群的资产配置案例，实际完成2个分数：10分。

最重要的人：

爸妈√、爷爷奶奶√、二叔二婶、三叔三婶

王言√、石丽雯、石兴、王静涛

Victor√、王教练√、苏老师

评估分数：7分

李蕊将上述9个分数相加，然后除以9，得出本月的综合评分：8.5分。

在李蕊的标准中：6分为及格，需要好好总结；8分以上则是极为优秀，可以奖励自己和朋友，她希望感谢的朋友是Victor，他是自己的教练，李蕊11

月的计划就是在他的监督和鼓励下顺利完成的。

于是，她高兴地请 Victor 月底去吃火锅。

李蕊没有完全停留在喜悦中，她也针对自己整月的表现，对自己做出了总结和评价。

总结

1. 与重要的人联系不够，这在下个月要加强，务必每人联络至少一次；
2. 收入没完全达标，在旺季，这是不够的，下个月要作为第一重点；
3. 学习很好，和工作结合，下个月要继续保持；
4. 户外活动很好，很解压，下个月要增加一次。

李蕊在听了老师的《自我管理》课程后，开始仅仅是因为好奇而尝试，几个月之后，她已经离不开这个本子了。在本子里，她不但记录工作，也记录自己的生活。这个本子她总是随时携带，如果有一两天忘记了，之后也总会找时间静坐在桌子前，回忆下发生的事，再补写下来，这让她体会到一种沉静的美好感觉。

慢慢地，她发现一个让自己越来越感到震撼的体会：在这个本子上用手写的方式格式化时间，就好像在思考和规划自己的人生。时间从来没有这样清晰地被自己感知过，面对再也不会回来的时间，她第一次感到一种对自己的责任感；而本子上记下来的大事和小事、开心的和不开心的，就好像是自己的历史。

她想，以后如果每年拿出这个本子来看看，就像看自己的编年史，该多有趣啊！从此，每当李蕊感到慌乱无措的时候，就会习惯性地找到这个本子，写上两笔，书写的过程让她重新找回平静，就像一个心锚，让自己一下子定住；最特别的是，到了月底，当李蕊花一个小时完成上月总结、制定下月计划时，她感觉自己可以控制自己了，能够在平静中感受到成长和不足。

时间管理、销售技能、情绪管理，这些过去多次培训也不能解决的问题，现在逐渐开始好转了。李蕊每个月都能感受到自己点滴的进步，开始对自己产生了信心。这就是自我管理的神奇力量。

案例点评

客户经理是银行和客户之间的桥梁，肩负极大的销售压力。因此，客户经理不得不把更多精力放在产品、客户、竞争对手等因素上。为了帮助客户经理，银行也花费大量人力物力，在不同时间就不同的关键点对客户经理进行针对性培训：产品卖得不好，培训《顾问式销售技巧》《理财专业技能提升》《交叉销售》；感觉大家压力大、情绪不高，就培训《阳光心态》……这些课程好比一粒粒种子，种子生长的土壤却是客户经理自身，如果土壤僵化、贫瘠、缺少水分，种子就难以生根发芽。

让土壤松一点、水多一点、肥足一些，情况就会不一样，松土、加水、施肥，就是协助客户经理开始自我探索、认知，即培养客户经理的自我管理的能力。

上述案例中李蕊的做法，是我本人在做销售工作、销售管理工作以及目前培训师职业中经过长期实践总结出的方法。

我最初做销售时，领导下发公司制定好的工具本，布置作业要求完成，作业包含制定目标与计划、记录活动量等，这让我和同事们很难受，感到烦琐、形式主义，就不想做或做假。后来，我的角色变成了销售管理者和训练者，不得不开始带领下面的销售新人去做这个工作。结果我发现：工具对于销售人员个人的习惯养成和团队的管理作用不可替代，可是，工具虽好，最大的挑战却是销售人员没有兴趣，感觉这是为领导做的，很抗拒。当我开始从事外部培训师这个自由职业的时候，不再有人管我，也没有人再下发工具，就不得不想办法自己管理自己。我只好拿起空白本子，开始思考：如何管理完全属于自己的大把时间，如何设定阶段目标，如何记录点滴……如果不这样做，就会感到空虚慌乱。

从“被人管”到“管别人”再到“自己管自己”，经历的变化让我开始认识到：自我管理就是自己的事，是在对自己负责！这个意识是最关键的，工具什么样不是最重要的，只要一个空白的本子，即可开始书写你的历史。

➲ 案例分析：客户经理的丢单

如第四章《客户盘点与客户关系管理》中所述，在营销中，客户经理李蕊使用“谈资表”，给自己的客户分好了群，找出了对应的典型人物，从此工作开始不再那么枯燥。每当和不太熟的客户接触之前，她就会猜一猜，这位客人和自己关系好的客户里面哪个比较像，属于哪个群，有什么特征和需要。这么一想，她感觉很亲切，虽然和客户接触还不多，但就像认识很久似的，再也没有之前的畏难情绪。有趣的是，客户好像也越来越喜欢自己。

但是，最近出了一个事，让李蕊很烦：期缴保险是银行最难卖的，李蕊的任务也挺重，她在自己高资产、低贡献（等级二）的客户中找到了自己的一个表姐，发现她还没考虑过这个，就建议她配置一下，表姐满口答应，告诉她肯定全家都在她这里买。表姐家里三口人，两个大人一个小孩，家境优越。这样下来，一下子就是三个大期缴啊，李蕊充满希望，但是表姐性格较强势，不愿被强迫，她告诉李蕊，肯定会买，到时会通知她，李蕊只好等待。

这个周一，李蕊给表姐打了一个电话，电话那头，过去一直强势的表姐突然变得很不好意思。表姐对李蕊说："实在是很抱歉，昨天周日，家里来了个友邦保险的邻居大姐，在家里磨了一下午，自己不知怎么回事，最后就签了字……"李蕊听后，脸色立刻变了，此时她的选择有两个：一是让表姐在犹豫期退掉已经买的保险，再买自己的；二是帮表姐看看产品怎么样，如果合适，就不退保。李蕊最后选择了后者。

但是，挂掉电话后，李蕊情绪难免愤怒和低落，她一方面埋怨表姐不守承诺，另一方面也生自己的气。她找了一个没有人的贵宾室，把自己关起来，大哭一场。

哭过之后，她觉得只能从自己的角度找原因：自己管的客户太多了，和表姐联系得太少了，被人钻了空子。但是又该怎么做呢？那么多客户，自己的精力有限，该和客户保持什么样的联系频率呢？

思考题

1. 李蕊的失单是精力管理的问题还是沟通技能的不足？

2. 结合"自我管理"内容，如何增加和表姐的联系频率？

第六章

理财沙龙的设计与实施

为了加强客户黏性，每年银行都会提出同样的课题——如何做理财沙龙批量营销？

这是我在从事保险销售时擅长做的。沙龙是保险业的成熟营销做法之一，保险业称之为“产说会”。产说会分为两种，一种是产业说明会（也叫事业说明会），用于招募人员；还有一种是产品说明会，用于销售产品。

对于银行，他山之石可以攻玉。

理财沙龙背后的需求是什么

客户为什么想听理财沙龙？第一个原因，这些年金融市场出了很多事情，客户需要懂基础的理财知识；第二个原因，特定客户会有其他特定的需求。比如，我从事保险时曾遇到过客户，请我去给他的企业做理财讲座、心态讲座，为什么呢？因为他把讲座当作给员工的福利，想让员工的视角更开阔，进而工作更努力。

如果客户先买了我的产品再让我帮他去企业里讲讲，我也愿意，这是一种增值服务，也同时帮助我拓展客户。我通过讲沙龙，走进了这个企业，拥有了一群粉丝，何愁潜在客户不足？我在分享时总是首先讲理财的观念，先把理念植入听众的头脑中，这就是“理念销售”，是一个播种的过程。

开展沙龙是不是银行客户经理的负担呢？绝对不是！

客户经理有很多种类型：可爱型，擅长带给人愉快的心情，让客户满意；专业型，擅长用方案制作与讲解让客户满意；善解人意型，总能够让客户有超乎预期的体验……但，无论哪种类型的客户经理，在一对一销售过程中都难消除客户内心的对立！有没有一种类型可以超越这三者，说的话客户爱听并且相信呢？当然有，这就是“专家导师型”的客户经理，专家导师一说，客户频频称是……

所以，理财沙龙就是你成为“专家导师”的舞台！

理财沙龙的基本元素有哪些

理财沙龙的实质是小课，时长通常在 1 小时左右，包含的基本元素总结起来就是——5W1H。

Why：为什么要做沙龙？双方各自要得到什么？

Who：对象是谁？谁来做沙龙？还会关联到谁？

What：主题是什么？

When：最合适的时间是什么时候？最合适的频率是什么？

Where：最恰当的地点在哪里？

How：怎么做？怎么评估？

5W1H 是一种沙龙设计的系统思维和结构性框架，不同沙龙都可以套用并在实践中沉淀和改进。

谁是最合适的主讲人

理财沙龙的现场效果非常重要，主讲人的呈现与表达是关键因素，这取决于主讲人的过往背景和现场呈现技巧。

主讲人有两种，一种是专家，另一种是讲师。

财富管理专家的特征是以知识服人，底蕴深厚，讲到产品时，对市场背景和规律分析得头头是道，非常专业。但是，讲授形式相对单调，授课技巧较为单一，现场生动性完全依靠个人口才。

如果是讲师作为主讲人，会增加基于听课心理的活动设计，使氛围生动，但专业领域上讲师往往欠缺，不够有料。

所以，什么样的主讲人是最好呢？

那就是业务线上的客户经理！

你们有很多真实的故事，并时刻都在和客户交流，有足够的内容可讲！只是客户经理需要提升一对多的讲解的能力，要不断地上台练习，有什么机会可以上讲台呢？这又涉及到另一个模块——早会的经营。把早会做活，做到实用，变任务为机遇，客户经理的能力就自然增长了。

如何规划理财沙龙的主题

理财沙龙是应该成系列化的，从点到线，再到面，将客户层层包裹，不但可以推进客户教育，还能最终将产品和客户建立联结，达成销售。

我在 2007 年规划过这种主题沙龙，当时是作为内部教育使用，放在早会专题中，包括《100 万进银行》《基金知识简介》《如何认知年金》《重大疾病保险的分类》《个人品牌塑造》《网络营销与 MSN 理财大学》等。

这些内容不完全是一类，不同主题可以合理规划在一个体系中，从而减少让听众有枯燥感。

2012 年，我在接触商业教练课程时，见到一种推广模式：一个机构定期开展小型交流沙龙，参与者免费或者收取 50 元 / 人的费用，主题围绕教练话题。我参加的时候，他们邀请我分享教练在银行的应用（我对教练与银行业、保险业的结合有长期实践和研究），在另外一个知名企业的 HR 负责人参加的时候，听众则希望听到该企业是怎么应用教练技术的。这一下就解决了沙龙的师资成本和内容问题，带给我的启发是：**沙龙，要走出去、请进来，不但自己有资源，还要充分整合外部资源，把它做活。**

理财沙龙具体实施中的问题

“授课、专业、销售”是理财沙龙的三个基础元素。

授课，指 1 小时左右的沙龙，主讲人需要按照一个小课做好课前设计和课上讲授工作；

专业，指从内容上，主讲人需要提供给听众更深、更广或者更新鲜的信息；

销售，理财沙龙永远是一个形式，它是为结果服务的。通过沙龙，你要销售银行品牌、销售自己，或者干脆直接销售某一类产品都是可以的，只需要你懂得客户的心理，运用合适方法。

所以，相应地，做好一个理财沙龙主讲人，就需要具备“授课”“专业”“销售”三方面的能力。

我每次上《沙龙的设计与实施》这个课程，都免不了对上台练习进行点评，常见情况是：一上台整个人就慌了神，手脚不知怎么安放、语速快，说的内容不经过大脑……这些都是缺少讲台经验的表现。

该怎么去有方法地练习，逐步改变呢？

主讲人需要一个框架，依据框架设计，之后按照标准的步骤去执行，经过一次再一次练习，就逐渐成形了，一下子达不到100分，从60分慢慢上升也是可以的。

所以，可以参照表6-1的框架来做。

表6-1　微型沙龙万能公式

阶段	步骤	内容	工具
设计	**1. 确定目标：** 客户教育、签单、关系推进		
	2. 圈定客户： 听众的客户画像是什么		
	3. 设定标题： 创意一个吸引人的名称		
开场	**4. 关心学员：** 接触（视线、声音）		
	5. 自我介绍： 问候 + 感谢 + 三点式		
过程	**6. 提出问题：** 阐述背景 + 建立关联 + 提出问题		
	7. 分析问题： 表层问题 + 冲突分析 + 深层问题		
	8. 解决问题： 提出标准 + 给出方案		

（续表）

阶段	步骤	内容	工具
结尾	**9. 总结致谢：** 收尾 + 感谢关键人 + 感谢听众		
	10. 导引号召： 导引个人 + 导引到下一次主题		

补充阅读：沙龙的流程与分工

下面是 2028 年分行零售总经理王敏抽查到的光华路支行的一个社区沙龙活动方案。

光华路支行“夕阳舞蹈教室”第一期沙龙活动方案

一、活动目的： 为老年舞蹈爱好者提供专业指导，提高其舞蹈水平。拉近与老年客户的关系，适时营销我行产品。

二、活动时间： 2028 年 10 月 12 日（星期四）下午 2：30—4：30

三、活动地点： 光华路支行会议室

四、主办方： 光华路支行零售部

五、协办方： 银河艺术团

六、与会人员： 银河艺术团队员，光华路零售部员工。

七、活动内容：

1. 由舞蹈家协会高级编舞老师邵钦老师讲解专业舞蹈知识；

2. 贵宾理财经理张莉进行理财产品的讲解；

3. 茶歇；

4. 邵钦老师现场指导舞蹈动作与技巧；

5. 大家填写兴趣问卷环节，提出自己的需求；

6. 自由讨论。

八、活动流程：

1. 主持人开场（2：30—2：35）；

2. 邵钦老师讲课（2：35—3：15）；

3. 贵宾理财经理张莉为大家讲解理财理念（3：15—3：30）；

4. 茶歇（3：30—3：40）；

5. 舞蹈动作与技巧指导（3：40—4：30）；

6. 填写兴趣问卷（4：30—4：45）；

7. 自由讨论（4：45—5：00）。

九、工作安排：

区域	负责人	主要职责	完成时间	备注
活动统筹	宋铮、马巍	负责整个活动的统筹安排	10 月 7 日	
现场布置	杨韵弘、付莹、边瑞瑞	负责现场桌，椅子的搬运及摆设	10 月 9 日	
设备支持	陈哲	负责活动音响电源提供，电脑、音响、话筒连接	10 月 9 日	
主持人	李霞	主持词	10 月 7 日	
签到处	范茜萌、刘建兵	负责与会人员签到	10 月 12 日	
现场指引	郑小玲、李慧丽	负责指引来会人员入座	10 月 12 日	
礼品区	唐燕敏	负责发放礼品	10 月 12 日	
摄影师 拍照	张倩、王帅	相机自备	10 月 10 日	
活动清洁	周小六	负责活动现场清洁的维护	10 月 12 日	
场地恢复	傅狄红	负责现场物资的撤回、清洁及现场摆设及时复位	10 月 12 日	

十、物资：

<table>
<tr><th>序号</th><th>项目</th><th>数量</th><th>备注</th></tr>
<tr><td>1</td><td>奖品（老师）</td><td>1 个（健身毯）</td><td rowspan="8">奖品由 ____ 银保提供</td></tr>
<tr><td>2</td><td>奖品</td><td>23 包（洗衣粉、香皂）</td></tr>
<tr><td>3</td><td>茶点</td><td>茶水、水果（苹果、香蕉）</td></tr>
<tr><td>4</td><td>纸杯</td><td>23 个</td></tr>
<tr><td>5</td><td>兴趣调查问卷</td><td>24 张</td></tr>
<tr><td>6</td><td>相机</td><td>1 台</td></tr>
<tr><td>7</td><td>横幅</td><td>1 个</td></tr>
<tr><td>8</td><td></td><td></td></tr>
</table>

王敏在思考：

这个沙龙的投入产出比是怎么算的？沙龙具体讲些什么？下一步需要做什么？有全年沙龙计划吗？

点评

1. 到了 2028 年，王敏已经是业务总经理，当年宝贵的实战经历给了她鉴别和指导新员工工作的能力。

2. 如果你是支行负责人，你会怎么做沙龙的全年规划呢？

3. 如果你是活动统筹宋铮和马巍，你会如何开展本次沙龙的全案策划与执行呢？

备注：《理财沙龙的设计与实施》课程中，在“设计”与“讲授”两个模块，老师会指导学员产出自己的作品。

第七章

将培训转化为业绩的实践

外部项目的实践

2021 年 5 月受同方全球人寿邀请，我对武汉兴业银行进行了为期 4 周的增额终身寿期缴“兴火燎原”训练，5 年期产品取得了 1500 万元的承保业绩；同年 8 月在武汉民生银行，我受恒大人寿邀请，进行了 6 周期缴“飞跃仲夏”训练（中间延展两周），3 年期产品整体保费超过 3000 万元。

业内此类项目常见业绩为 200 万 ~300 万元，为什么我们能够创造超越同行的业绩呢？有以下几个原因。

1. 注重激活客户经理状态；

2. 给予接地气的销售逻辑；

3. 三方齐心合力经营过程。

➲ 注重激活客户经理状态

银行客户经理对复杂产品（特别是保险）销售往往缺乏动力，为激活客户经理状态，我首先进行产品培训《增额终身寿产品深度认知》，使每个人充分理解产品，将产品的价值观和个人价值观融合，成为销售的动力基础；第二个培训《目标客户分析与触达》给出销售路径，客户经理们按图索骥，就知道如何去做。

这两个课程之后，客户经理头脑清晰起来，每个人就开始对项目初步建立信心。

这对我的挑战是：没有人愿意听课，特别是线上课，低质量免费的线上课很多。为解决这个问题，我会先进行大量细致的一对一调研，通过调研摸清楚银行和银保现状，并在交流中让他们感知：这一次的项目，不再是走形式，这一次的老师，值得关注。

➲ 给予接地气的销售逻辑

任何一个项目，银行都会要求合作方提供一套话术或工具，但是常见的项目执行过程是：外部合作机构总经理负责打单，成功后在市场中抓老师讲大课，再找顾问完成现场辅导。打单的、讲课的和最终辅导的，是三种人，语言不一致，并且人员出身多无金融实战经历，或对产品与销售缺乏深刻理解（这点银行常缺乏重视与 KYC）。

所以，项目因此变得形式主义，银行客户经理面对老生常谈的销售话术、简单机械的工具，也会感到索然无味。

我设计了一套区别于个险代理人销售逻辑（偏重意义与功用）和个险经纪人销售逻辑（偏重产品比较），从银行特点出发可进行全产品线资产配置的销售话术，并将销售心理与软性技巧融入其中，受到了巨大认可与欢迎，这个课程叫作《资产新配》。

➲ 原创话术节选：一杯水讲资产配置

此原创话术包括五个模块，分别是“切入并建立危机”“一杯水讲资产配置并 KYC”“讲产品”“讲完整解决方案”“促成”。

下面是第二模块“一杯水讲资产配置”的节选，是我在 2021 年 4 月火车上突发灵感的原创，它将销售互动中左脑和右脑做了有效结合，可以用于白话版资产配置讲解与 KYC，这段简单片段的背后还有资产配置与财富管理的辩证关系，更多深意，请关注我的销售课程。

理财经理：您别着急，您看这杯水了吗？（拿出一个玻璃杯里面有水，一定是玻璃的，透明）

客户：嗯，这怎么啦？

理财经理：您看这个杯子，两个问题，第一，这水是用来干什么的？

客户：用来喝啊！

理财经理：是的，这就好比您的钱，钱是要用的，所以现在这个经济形势不确定的情况之下，您一定要想清楚，您的钱最终是要用在哪儿！这点特别特别重要！您知道为什么吗？

客户：为什么？

理财经理：（拿出打印好的 P2P 暴雷案例给客户看，停顿）您看这个，您身边有这些情况吗？你说他们为了什么？

客户：是，不敢买这个了！

理财经理：所以，人只要有钱，就很容易被高收益诱惑，可是他看的是收益，人家看的是他的本金。

客户：是啊！我现在不敢买这个！

理财经理：第二，您还要分清楚您的这笔钱，是杯子上面的，还是中间的，或者是底的（指着杯子底）。

客户：什么意思啊？

理财经理：这是不一样的，就是人们说的资产配置。表面的水，咱们随时喝，所以钱，您就买点安全灵活的，不用多够用就行，收益不贪高，以我们行天天增利为3.1左右；中间的，3年以内用的，咱们买点1年期，3.8~4.1，5年内用的，咱们买2~3年的，业绩比较基准5.3~5.7，愿意的话，买点基金适当博一下高收益都行；杯子底的，是5年、10年、20年以后用的，这个就得稳，一定要安全，并且长期收益也不要低。您觉得这么讲资产配置，好懂吗？

客户：好懂！

理财经理：您现在这部分有吗？活期存款或者货币市场基金（指着杯子表面）？

备注：截至2022年5月，"一杯水"与"宏三角"的原创销售逻辑已经在兴业银行、民生银行、浦发银行与北京银行展开、获得欢迎，并取得佳绩。

➲ 三方齐心合力经营过程

银行方给予压力、银保方给予拉力、客户经理方给予助力，这三方齐心合力才能把好产品卖好。

每次项目开始，我对银保的培训在先，目的是统一银保和银行之间的业务语言，事实上，现在各保险公司银保队伍的销售逻辑并不统一，多数直奔法商、税商，目标是完成保险金信托的大单。但是客观上，银行的客户根据分层，AUM在600万元以上的更适合这种销售逻辑，我称之为"资产高配"，而AUM在50万元到600万元之间的客户，需要另一种更符合大众、更简洁有力的销售逻辑，那就是我开发的课程“资产新配”。

在将《增额终身寿产品深度认知》《目标客户分析与触达》《保险销售—资产新配》课程给银保和银行分别上完后，这两个队伍就开始融合在一起。

银行产品经理、银保执行负责人和我，组成一个有力的战斗小组，齐心合力、密切沟通，设计整个过程的每个细节。

事实上，这样的项目过程很艰苦，虽然目标是项目期间的业绩，但是最终银行和银保得到的是长期可以运用的销售方法。

这里有一个创新：“活力营”。是我为激发银行客户经理的主动性做的一个尝试，银行的客户经理和个险的不同，他们由于培训太多，对培训往往充满厌恶，但是我还想让他们自己花钱培训，这看似是一个不可能完成的任务。

我在自己的微信群中贴出了这样的告示。

“岁岁红”销售活力营

1. 目标：激发主动性，促进销售，掌握技能

2. 参加人员：理财经理、厅堂主管

3. 做法：根据自愿原则建30人的群，辅导到项目结束，内容涵盖“朋友圈经营”“客户分析”“产品答疑”等，形式有群内活动、腾讯会议集中答疑、一对一（需根据苏老师时间预约）等。注：活力营与正常项目安排，例如例行答疑、线下辅导等不冲突。

4. 预付费：权利和责任对等。责任：99元个人预付费（禁止主管或银保经理代付）；出单达到10万元后，发一个群内红包大家开心下（标准：红包20元，8人领）。

> **5. 退费条件：**
>
> 理财经理：8 月 16 日前出单达到10 万元（或 3 单）或者 8 月 31 日前出单达到15 万元（或 5 单）或者 9 月 10 日前出单达到20 万元；
>
> 厅堂主管：8 月 16 日前网点出单达到12 万元（或 4 单）或者 8 月 31 日前出单达到18 万元（或 6 单）或者 9 月 10 日前出单达到30 万元。
>
> **6. 说明：**与本项目类似的《保险销售活力营》市场价是 699 元 / 人，但本项目无意向大家收费，仅是培养自我要求、自担责任的习惯。

经过前期线上线下培训之后，客户经理们对我开始有一定了解和接受度，于是活力营就从不可能变为可能，人们纷纷响应。活力营是一个非常有价值的活动，因为这里面包含有“线上教练”，在实操中，客户经理遇到销售困难时，第一缺少的是力量支持，第二需要的是合理分析，第三才是方法，这几个我都会给他们，活力营不仅是课程，更胜于课程。

在我的价值观中：我认为客户经理不该是消极被动的人，如果你想要，你知道要什么，你能够鉴别资源，你也愿意主动去用资源并为此付出该付出的成本，这是智慧。

这个价值观，实质上也应该是银行客户经理进行投资者教育时给客户传递的价值观：**如果你想要高收益，那么你愿意为此付出什么？**

项目的成败，7 分在人为，3 分在天意，由于销售逻辑的适配，和项目中对经营的不断创新，最终我们取得的成绩不只在保险上，基金和存款也得到了同步提升，它们本就不该被割裂。

➲ 一点遗憾

在过去十五年间，或许低质量的项目太多，谈及项目时，不熟悉的银行和银保工作人员常会问我："你的套路是什么？"，他们的意思是：你用什么方法能让客户经理们短期出业绩？

我想说"为人民服务"，但是又怕他们说我夸大，于是我希望和他们交流项目成败的关键点，但多数人没有耐心听或者不关注，会直接说："你怎么收费？有介绍吗？给我发一个。"

我理解多数情况下，项目已经成为一种交易，银保和银行之间的资源与业绩交换，双方领导操盘，但被忽视的主力是执行人——客户经理，外部培训机构作为中介来走形式。

作为培训师，而非纯商人，我希望**"让生意同时具有意义，从客户经理的本心做起"**，这是我的所谓套路。

内部从培训到训练的路径

在本书第三章第一节的案例中，银行为了帮助客户经理，采购了大量有针对性的课程，但是，培训完毕，回到实战中，王敏依然用不起来课程中学到的内容，这是不是培训无效呢？

"销售状态"来自习惯，缺少与培训内容衔接的训练，是导致培训无效的最主要原因。

图 7-1 展示的是从培训到业绩的转化路径。

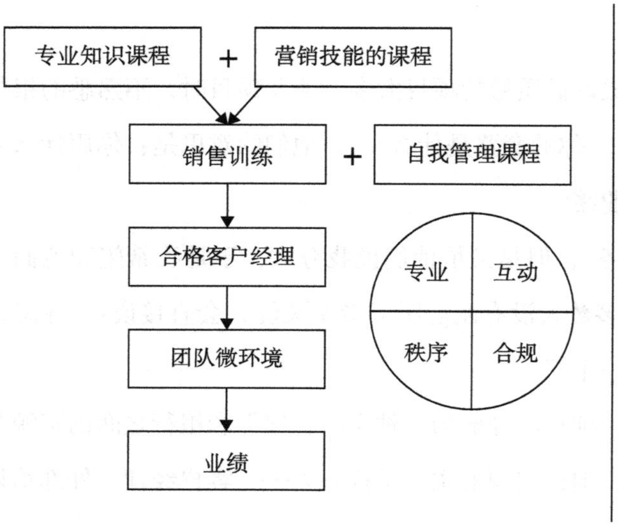

图 7-1 从培训到业绩的转化路径

将培训转化为业绩，必须重视“训练”，需要在如下几点做深入扎实的工作。

1. **培训内容标准化：**首先通过 KYC 筛选出老师和课程，沉淀出符合本银行现状的标准课程体系。

2. **组建销售培训团队：**逐步成立内部销售培训团队，将一线培训与通用技能培训独立运作。

3. **合理定位培训与业务的关系：**将销售培训与一线业务两个部门定位为内部客户关系，在会议和汇报机制上形成统一，并鼓励销售培训发展对外业务。

银行培训无效的最根本因素是“培训管理”。银行当下最需要被培训的不是客户经理和支行行长，是最高销售负责人与培训负责人，需要将关注点从业绩转移到人，头部思维决定销售培训体系的根基。

建立有效的银行销售培训体系，涉及内部组织结构的变革，如果外部环境不发生重大的变化，很难促使人的大脑发生根本性的意识转变。2015 年我在本书第一版中预测未来5年（2016—2020年）一线的银行将开始做出培训优化的具体行为，如今7年过去了，并未发生明显变化。让我们继续拭目以待！

如果不提未来，仅看当下，现有银行外训采购中，需要注意什么呢？

下面是我曾发表在《零售银行》杂志专栏里的一篇文章，可供读者参考。

银行一线，最稀缺的部分："行长的教练"和"微咨询"

（选自《零售银行》2014年4月刊，有修正）

过完年，一个朋友找我，说一个中间方找他做一个银行的大培训项目，我们碰了几次，写出了自认为很实务和有针对性的方案，对战胜其他公司的提案很有信心！但中间方看后，却轻描淡写地说："不用写那么多，**直接上课程名字和价格就行了，项目是咱们的，没大问题，咱们目前不是靠那些专业的东西来征服客户的处境！**"

银行培训采购中有两个关键要素：

1. 看提案的"人"：什么人在看；

2. 看提案的"过程"：走形式还是重实质。

怎么理解？

1. 看提案的人，擅长什么。

下面先看一个小故事。

2013年下半年，一个新兴的财富公司给我打电话，希望约我谈一谈，问我是否愿意做顾问。人力资源总接待了我，她特别向我询问了财富行业做得最好的公司的培训是怎么做的，希望去模仿。我感觉，把面临的问题和需要做的事，最好她们老板也与我们坐在一起谈，当我委婉地提出这个建议时，她拒绝了。

原因是什么呢？一个HR领域的好友很直白地告诉我：**肯定不能让你和老板见，我们要体现自己的价值**。

银行的一线培训，需要将业务和培训二者结合，但同时把这两者吃透的人不多，现实中谈能力模型、培训技术的培训比较最常见，更需要将理论和实际结合，能站在高处，也能落到地上。

2.“看提案”，是走形式还是重实质。

培训是花钱的事，无论用什么评估形式，都比较难直接一针见血地评定是好或是不好。所以很多银行对培训抱有不求有功但求无过则好的态度。

这导致“看提案”成为走形式，无法深入谈及执行中的具体情况。

由此看来，银行对培训的控制力度在实质上非常微弱，**一线培训真正的决定权是在中介手里，即由咨询和培训公司决定**。

中介考虑更多的是成本和收益，既然没法明确衡量，只要课堂气氛差不多，不砸场子，我会倾向“性价比”高的老师，当然，如果甲方要是不喜欢价格低的老师，我也能找到价格高的老师。

所以，一半是海水一半是火焰。有的落地辅导项目5+2，7天时间价格最低压到单网点3万元，而与此同时，名气大的培训师把一个课程讲几年后，课程单价也可以达到一天7万~10万元。

下面尝试解决问题。

银行一线培训或转型，最稀缺的是什么？

我认为：是行长缺少一个教练，并且是好的教练。

去年，我给一个大行某地的标杆支行做培训和调研。在谈了一些关于产品营销、客户开发的技术问题之后，行长说：现在我最大的苦恼是，**我感觉手下的人太容易满足！我一个人每天有压力、有动力，但是手下的人好像小富即安，无欲无求了。这太累！怎么才能激励一下他们呢？**

我说，绩效考核上对员工有刺激手段吗？她说新下来一种考核机制，正准备试行，应该不错。

（我们这里谈的是动力的物质来源：利益分配机制。这一般是通过总行层面转型完成。）

我问，那如果新制度推行之后，问题是不是就能完全解决了呢？

她摇摇头，不太可能完全解决。

我说："为什么？"

她说："因为总感觉，员工体会不到我的这种着急，表面上答应，但是答应得好，回去还是老样子"。

我问她："那你每个月都和每个员工谈话吗？"

她说："谈啊！"

"谈什么？"

"谈工作！"

我问：**"那你知道他们每个人心里都在想什么吗？比如，他工作为的是什么？"**

她突然不说话了，停顿片刻，说："你问到我了，我真的忽视了这个。谢谢你提醒我！"

我刨根问底："那您注意到这个之后，你会怎么办？"

她说："再谈话的时候，多聊聊工作之外的话题？"

我说："挑战您一下，你想聊，人家会跟你讲吗？会不会说很多客套的话呢？"

她笑了："你说的也是啊，我是领导！有的话他们也不好和我说。你说这是为啥呢？我觉得我挺亲和啊。"

我说："这可能是因为角色上天然的对立，管理者和被管理者天然的对立关系，这是天生的角色原因。"

她说："那怎么办？"

……

后面的谈话，我就不回忆了。

我们在做的是一次教练式的交流，以行长为主，我和她聊天，在这个轻松的过程中，她自己发现问题，然后再找到解决问题的办法。这里所说的教练是什么？和体育界的定义不完全相同，它是协助一个人安静下来，**重新找到力量**、认清问题所在，**进而找到解决方法**的过程。最特别的是，教练还要陪伴被教练对象完成一个完整的改善过程。

我和这位行长的这次交流，不只是停留于启发层面的交流，过程中，我还是一个顾问。因为在她发现问题之后，她受限于只了解本行的做法，很想知道别的银行怎么做的，其他地区的银行怎么做的，我就给她讲我见过的和我知道的，我们再一起分析背后的原因，最终找到办法。她觉得这样比听课程更有针对性。

这次谈话后，我进行了反思，现在银行一线培训和落地辅导项目**到底存在哪些问题？**

1. 培训课上学员太被动。

学员都是被动来听课的，讲师的课程内容框架也是固定的，评判课程好坏只能凭学员听课时的感觉。

2. 辅导项目衰退太明显。

咨询公司做项目，通常需要5天之内把一个产品卖出去，于是所有资源、精力都过于集中，屡屡发生突击效应，涸泽而渔。人员的成熟，绝不是5天就能做到。短期效应没有错，但应该放在一个中长期的眼光和规划中。

3. 抓不住核心。

什么是核心？核心的人是“支行长”；核心的内容是“团队的思维语言”。

关于“支行长”

银行的支行长上过很多课，听课都很挑剔，但并不代表这是会听课。遇到欣赏的老师，则会欣喜于受了几点启发。但被启发和被忽悠的界限比较模糊，对成熟的管理者来讲，灵感只是蛋糕上的樱桃，蛋糕本身（管理系统和逻辑）才是扎实的领导力基本功。

我发现：银行的支行长们往往个人业绩蛮好，但业务素质或管理思维并不能和业绩匹配，这使得团队中问题频发。很多人并没完成角色的转变，是因为头脑尚未革新。

关于“团队的思维语言”

“团队的思维语言要一致”指的就是领导和员工要一起来看问题，有共同的目标拉动、共同的标准指引，共同完成过程、获取结果！只有这样才能把管理者和员工之间“天然的对立”的角色关系转化为统一！

有具体方案可以改变吗？

2013年我提出一个思路：**与行长教练配套的“微咨询”**。

微咨询：教练＋培训＋辅导

1. 教练：给团队的领导人员（或企业负责人）做教练，彼此间要互相接纳和信任，这点关键并且最有趣。

2. 培训：培训的内容和节奏根据受训人员和具体目标，需要有规划和组合，这个我曾经做过一个体系。培训的一个特点是短小精悍，并不一定要一天或两天。

3. 辅导：对团队领导人员（或企业负责人）之外的重点人员，比如管理的具体执行者，如果其缺乏经验技能，在培训的基础上，可以对其进行辅导，包含心理和技能方面的辅导

执行这样的方案持续三个月到半年，就会有很大成效，甚至可以直接提升业绩。

这样的一个项目是有成就感的项目，最后会产出一整套的营销团队的管理的产品：比如会议（早会、夕会、周会、月会）开展手册、自我管理模式和工具、产品话术、基础培训体系、衔接训练体系等。

这是非常有意义的，类似的做法也有很多，但是做成什么样，还是取决于做的双方。

为了将理论落地，我从2021年开始推行“深度教练”项目，面对金融业内的销售/培训管理者或TOP Sales，每年招收6~8个人，进行年度一对一支持，目前取得了令人兴奋的成效。我将在下一章详解。

第八章

银行客户经理培训的知识体系与内在逻辑

以结果为导向的业务培训

图 8-1 是以保险出单为结果的复杂产品销售倒推逻辑，要实现这一路径图（图中以保险为例，但不局限于保险，也可以用于基金、私募类产品的销售），客户经理需要经过以下课程的培训。

1.《**顾问式销售心理与技巧**》（又名《**销售场景与关键对话**》）：本书第三章讲到了这方面的内容，包括话题切入、KYC、方案阐述、异议处理、促成购买等。

2.《**电话邀约与维护**》：本书第二章讲到了这方面的内容。

3.《**从销售状态到自我管理**》：本书第三章、第五章讲到了相关的内容。

4.《**重疾险销售心理与话术**》：本书第三章以重疾险为案例，部分讲到了这方面的内容。

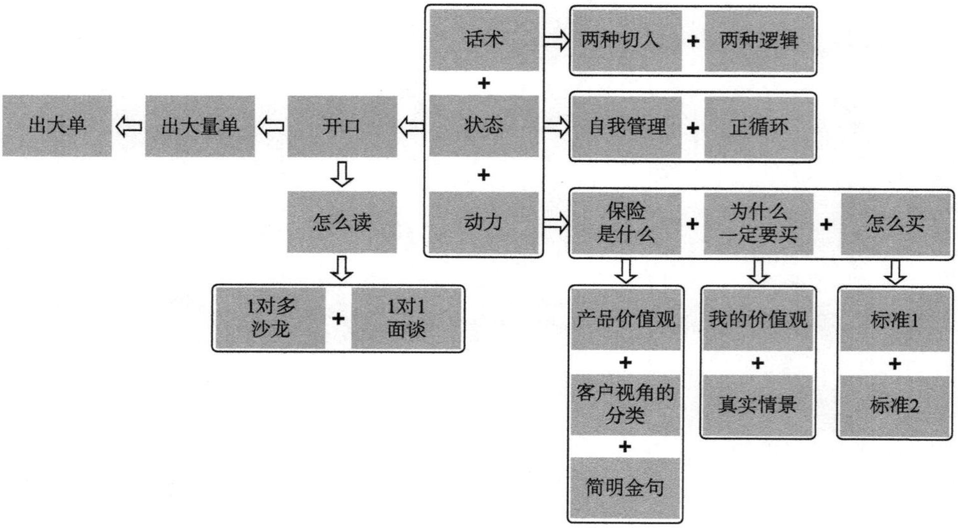

图 8-1　保险出单路径图

5.《**增额终身寿 / 年金销售心理与话术**》：本书第七章有一部分内容讲到了这个主题，这也是当下银行客户经理培训中的一个热门主题。

6.《**客户画像与资产标配**》：本书第四章与第七章的部分内容讲到了这个问题。

7.《**客户画像与资产新配**》：本书第四章与第七章的部分内容讲到了这个问题。

8.《**熠熠生辉—微型沙龙的设计与实施**》：本书第六章讲到了这个主题。

9.《**销售心理与高客经营**》：本书第三章介绍了这方面的基础知识，读者还需要增加高客分析与心理部分的学习。

图 8-2 展示的是销售团队管理者的主要工作场景，围绕这些场景，销售团队管理者可以参加如下课程的培训。

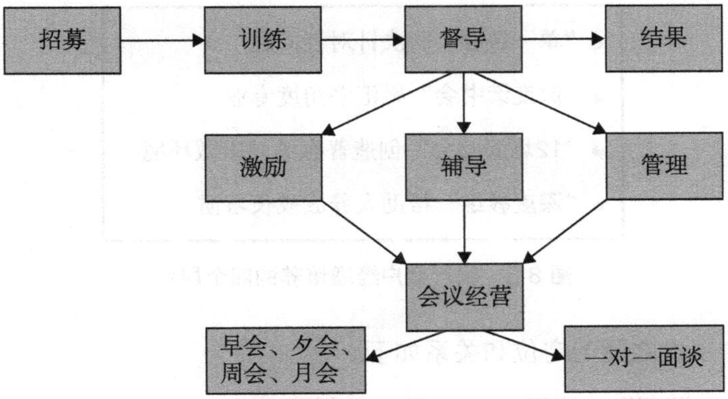

图 8-2 销售管理者的工作场景

1.《**销售团队中的角色与关系**》；

2.《**如何领导与发展下属**》；

3.《**如何协助员工设定目标并检视**》；

4.《**如何进行教练式辅导**》，又名《**教练式销售管理**》；

5.《**如何开展会议经营（早会、夕会、周会、月会）**》；

6.《**如何搭建有效激励体系**》；

7.《**如何理解并塑造团队文化**》；

8.《**如何有效招募—教练式面试**》。

培养银行客户经理的四个层次

设计培训课程是我的职业，而作为培训师，我更希望能够帮助学员持续学习和提升自己。因此，从 2020 年开始，我在提供“**单一课程**”的基础上，又发展出了“**深度读书会**”“**12 场演唱会**”“**深度教练**”等帮助学员实现持续的自我提升的培训项目，如图 8-3 所示。

- **“单一课程”** 解决针对性问题
- **“深度读书会”** 融汇多角度专业
- **“12场演唱会”** 创造普惠的健康微环境
- **“深度教练”** 帮助人养成成长习惯

图 8-3　银行客户经理培养的四个层次

这四个层次之间的定位和关系如下。

1. **“单一课程”**：根据客户所需，定制课程模块，有针对性地解决不同客户的具体问题；

2. **“深度读书会”**：区别于单一课程，深度读书会的宗旨是“由读书中看到的案例，想身边的事情，听不同的角度，说自己的观点！”通过深读一本好书，可以融会贯通多个学科的专业知识。从 2020 年开始，通过线上和线下，我作为领读，带领成员分别深度阅读过《极致服务》《富爸爸穷爸爸》这两本书。由于内容足够深度、视角足够广阔，方法足够落地，并且特别要求每个人不可以仅是倾听、必须开口，深度读书会激活了参与者的精气神，大大超越了单一课程的效果。

3. **“12 场演唱会”**：这是 2022 年推出的一个创意活动，它使得学员能够以普惠的价格——每天 1 元多钱（以 3 人联报 419 元 / 年价格计算），进入一个健康积极的微环境（微信群）。日常大家在群内可以随机交流讨论，每个月定期有高质量的线上课程。这个项目的产生是为了“用良币驱逐劣币”，给个体学员提供一个低门槛的日常补给站，给团队赋予一个形成上下级共同思维语言的空间。

4. **“深度教练”**：这是始于 2020 年的教练项目，每期仅招 6~8 人，以成员个人年度目标为导向，提供为期一年的教练服务。项目目标是：设置较高门槛，支持具有主动性和目标性的极少数高级或高潜力人员。

后记

“你听到知识，感受到逻辑，被潜移默化的是价值观。”

这是我从事培训（正式从2007年12月开始）工作十几年来的切身体验，我希望给到学员的不只是知识，更要把知识架构于经得起推敲的逻辑之上，而在知识和逻辑之下，是积极正面的价值观，这会给人提供源源不断的动力。

这并不是一本简单的书，它凝结了很多人的故事，每一段都值得研究与认真对待！

如果您对本书的内容感兴趣，希望进一步交流，可以通过微信与我联系，我的微信是su2781，也欢迎您关注我的个人公众号**“探索性思维”**。

祝您好运相伴！